通识学院

101 Things I Learned in Advertising School

关于广告的101个常识

[美] 特蕾西·阿林顿（Tracy Arrington） [美] 马修·弗雷德里克（Matthew Frederick）著 董俊祺 译

中信出版集团 | 北京

图书在版编目（CIP）数据

关于广告的 101 个常识 /（美）特蕾西·阿林顿，（美）马修·弗雷德里克著；董俊祺译 .-- 北京：中信出版社，2023.10
（通识学院）
书名原文：101 Things I Learned in Advertising School
ISBN 978-7-5217-5266-3

Ⅰ.①关... Ⅱ.①特...②马...③董... Ⅲ.①广告—基本知识 Ⅳ.① F713.8

中国国家版本馆 CIP 数据核字（2023）第 161412 号

101 Things I Learned in Advertising School by Tracy Arrington with Matthew Frederick
Copyright © 2018 by Matthew Frederick
This translation published by arrangement with Three Rivers Press, an imprint of the Crown Publishing Group, a division of Penguin Random House LLC
Simplified Chinese translation copyright © 2023 by CITIC Press Corporation
ALL RIGHTS RESERVED
本书仅限中国大陆地区发行销售

关于广告的 101 个常识

著　者：[美]特蕾西·阿林顿　[美]马修·弗雷德里克
译　者：董俊祺
出版发行：中信出版集团股份有限公司
（北京市朝阳区东三环北路 27 号嘉铭中心　邮编 100020）
承　印　者：北京盛通印刷股份有限公司

开　　本：787mm×1092mm　1/32
印　　张：6.5
字　　数：93 千字
版　　次：2023 年 10 月第 1 版
印　　次：2023 年 10 月第 1 次印刷
京权图字：01-2019-7272
审　图　号：GS 京（2023）1747 号
书　　号：ISBN 978-7-5217-5266-3
定　　价：48.00 元

版权所有·侵权必究
如有印刷、装订问题，本公司负责调换。
服务热线：400-600-8099
投稿邮箱：author@citicpub.com

来自特蕾西
致我生命中的奇迹
瑞安·阿梅莉亚和卡伦·泽维尔
永远勿忘,我最爱你们。

并以此纪念
那个坚信阅读就是睁开双眼做梦的人。
大厦、霓裳和王冠都是你的,
我爱你,非常非常爱。

作者序

广告是一个价值数十亿美元却又无法独立存在的产业，它完全依赖于其他业务。我们广告人说我们从业于广告行业，但实际上，我们是从业于汽车、电影、零售、食品杂货、电信、保险、科技、教育、金融、旅游、能源、医药、制造和酒店业。

当我决定学习广告时，我还没有意识到这一点。作为一名数学迷，我希望能在比金融或化学工程更令人兴奋的领域找到施展我分析能力的一席之地。这就要求我走出自己的舒适区。其他广告专业的学生具备美术、写作、摄影、心理学和计算机科学方面的技能，他们似乎更适合这个领域。但事实证明，我们所有人都有很多东西要学习。广告行业需要各种类型的人，他们需要有广泛涉猎的技能和各自专注的领域。

我的个人技能现在已经远远超出了数据分析的范畴——尽管还没有进入我可以预测到的领域。我的知识体系奇怪且随机。我知道如何重新加热碎牛肉；我知道为什么奢侈品精品店的店员会陪你去洗手间，以及为什么你要用一个负载均衡器把你吉普车的前灯升级成LED（发光二极管）灯；我知道为什么即使你付了绿色能源的钱，家里的电源还是脏脏的；我还知道电影院里爆米花的配方。

广告这种漫不经心的本质让广告人觉得很有意思，但这也在某种程度上解释了为什么广告声名狼藉。对于一些人来说，广告没有灵魂，没有中心。它肤浅而表面，它时而令人恼火，时而令人厌烦。它是侵入性的，它是说谎的艺术。

事实上，广告比许多人想象的要复杂得多。有很多不同的技能来助益它，也有很多进入这个行业的路径和方法。总而言之，想要达到境界，还任重道远。至于说它是说谎的艺术，我的观点恰恰相反：广告是坦诚的艺术。当广告活动提出了一个内在的事实，例如，关于产品或服务，关于我们作为消费者的需求或特质，关于我们日常生活中的缺点，或者关于我们文化中的执念和偏见，它就会取得成功。当广告活动在某种程度上向我们展示我们是谁的时候，它就会引起我们的共鸣。

在这本书中，我总结了关于广告的 101 个常识，以帮助你了解什么是广告，以及你可能所处的位置。当你在六个月或六年后重新读这本书时，它可能有完全不同的意义，因为更新的理解和经验会改变你的视角和所得。在这个过程中，我希望这本书能让你走出原有的舒适区，并为你提供认知基础、视角、挑战和洞察力，让你找到自己的位置。

特蕾西·阿林顿

1

不喜欢广告的人，所有事都要亲力亲为。

当你能够以比自己动手制作更低的价格买到别人制作的东西时，你就成了消费者。现代经济就是建立在大众对这一命题普遍认可和接受的基础上的。我们每个人都各有所长，所以只能在一个或几个领域里有所建树，同时依赖他人在其他领域的专长和生产力。广告是让我们找到他人提供的东西的方式，是大规模生产和大规模消费的必要辅助。

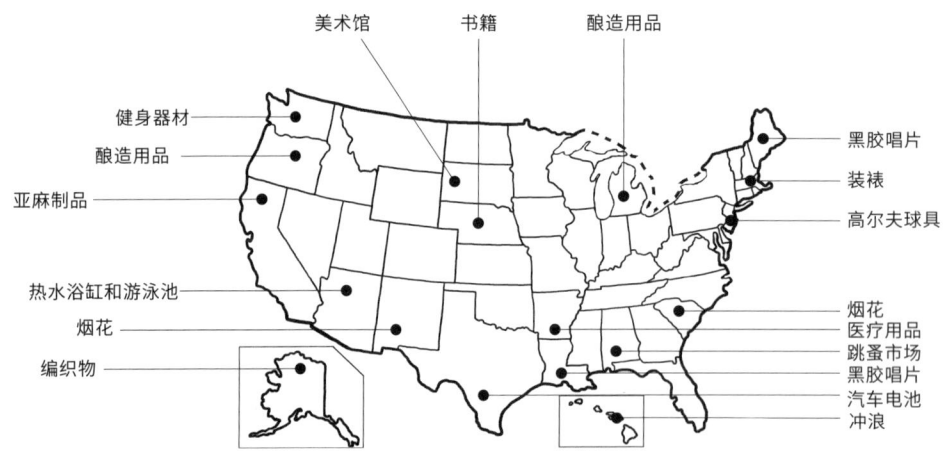

最不成比例的常见商店类型（选定的州）[1]

资料来源：《赫芬顿邮报》/Yelp（美国最大的点评网站），2015 年

---

[1] 本书插图系原文插图。——编者注

2

很多人都和你很像，但那仅仅是人群中的一小部分。

广告活动的目标受众有相同的属性、兴趣或行为习惯。如果你是这个目标受众的一员，你可能会倾向于办一场会对作为消费者的你来说有吸引力的活动。例如，如果你是一个颇有男子气概的威士忌爱好者，现在让你去推销威士忌，你大概会想着要在你最喜欢的《风度》(*Maxim*) 杂志上做一个威士忌的平面广告。但数据显示，喜欢喝威士忌的人看得最多的杂志是《美好家园》(*Better Homes and Gardens*)。

要把广告活动建立在可用数据证明的对目标受众的洞察之上，而不是建立在你认为对你或你认识的人可能有用的东西上。

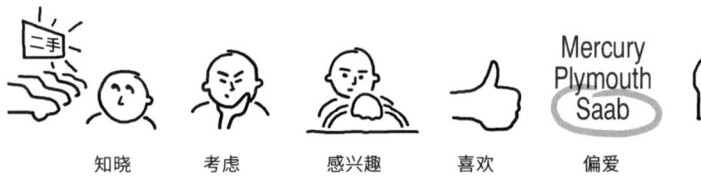

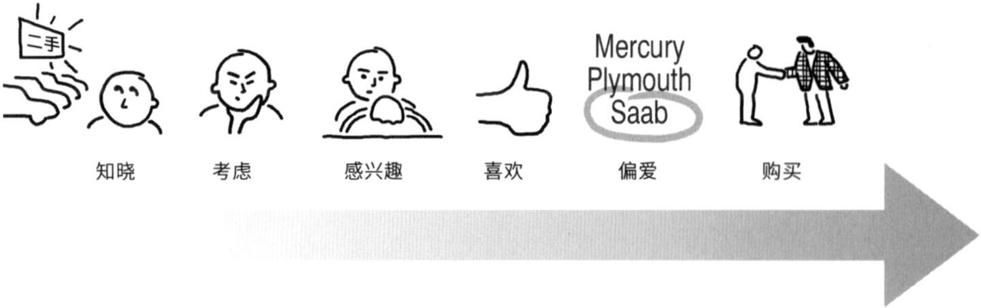
二手
Mercury
Plymouth
Saab
知晓
考虑
感兴趣
喜欢
偏爱
购买

产品购买路径

消费者在做每个购买决策时，都会历经一条产品购买路径。这条路径上的每一个步骤都代表着消费者和产品之间关联的强化。对于一些没那么贵的东西，像玉米饼或口香糖之类的，这条路径很简短，甚至是即时的。但如果是贵重物品或个人物品，如汽车、洗衣机和订婚戒指，购买路径可能会长达几个月甚至几年。

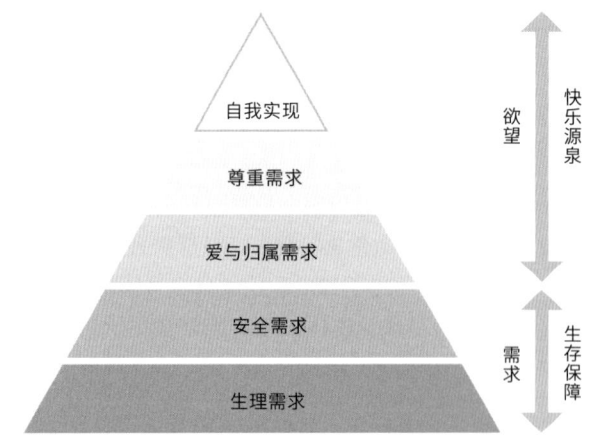

马斯洛需求层次理论

4

始于需求或欲望，而非始于产品。

蔬菜汁是一款产品，营养素是一种需求，而摆脱不良饮食习惯带来的罪恶感是你的一种欲望。草坪种子是一款产品，让业主协会满意是一种需求，而让邻居嫉妒你家葱郁的大草坪是一种欲望。防晒霜是一款产品，避免皮肤癌是一种需求，而看起来更年轻是一种欲望。外套是一款产品，保暖是一种需求，而保持你作为时尚达人的名声是一种欲望。汽车轮胎是一款产品，确保孩子在车内的安全是一种安全需求，而在路上看起来很拉风是一种欲望。

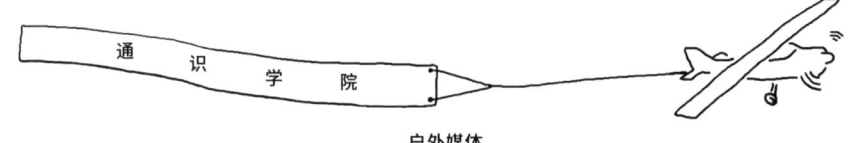

户外媒体

机身标识、广告牌、品牌小摆件、出租车和公交标识、体验活动、报摊、购物中心、T恤、文身以及其他媒介类别以外的一切

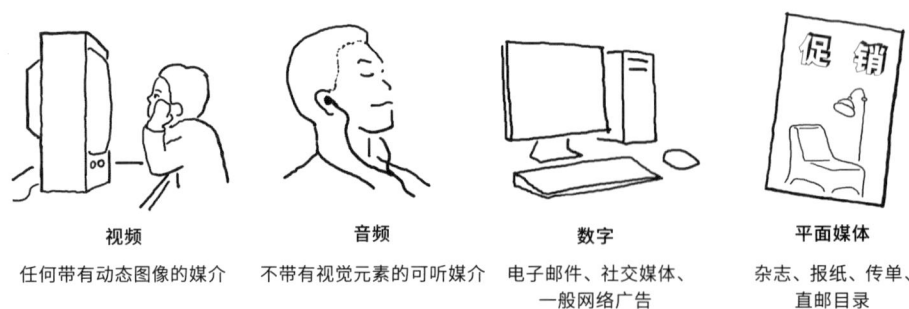

视频
任何带有动态图像的媒介

音频
不带有视觉元素的可听媒介

数字
电子邮件、社交媒体、一般网络广告

平面媒体
杂志、报纸、传单、直邮目录

五大媒体类别

5

任何表面都可以成为广告媒介，但你不见得要用它。

  观看广告所处的环境会极大影响受众对广告产品或服务的反应。在机动车辆管理局门口向排队的人宣传一个品牌，可能会让他们把它与等待的百无聊赖和严明冷峻的制度联系到一起。一个原本很吸引人的品牌如果在公共厕所里投放广告，可能会显得粗俗。如果在癌症中心门口做殡仪馆的广告，也一定会引发众怒。

悬赏 10 000 美元

死活不论

杰西·詹姆斯

因抢劫多家银行、火车、驿站马车和堪萨斯城市集而被通缉

杰西·伍德森·詹姆斯／化名：托马斯·霍华德
身高180厘米左右，体重约77千克，体形精瘦／持械危险

如有线索，请联络最近的
美国法警办公室

平面广告的六个要素

标题：传达一个问题或益处，或激发好奇心。

图像：广告的主题、提供的产品/服务、使用环境、它可以解决的问题或它将带来的好处。

正文：主要的文本部分。它通过聚焦关键优势来建立受众对产品/服务的兴趣。如果广告旨在引起特别强烈的情感关联，并期望受众能上网搜索信息，那这部分可能会被删除。

行动号召（call to action，CTA）：鼓励读者采取具体行动，通常带有紧迫感。例如，"今天就去拜访你的经销商"。

联系方式：告知如何可以联系业务、如何下单或如何使用优惠。过去一般情况下包括：公司名称、地址、电话号码，但现在可能仅限于一个网址或社交媒体标识符。

公司标识：通常是一个标识，但有时只有公司名称。

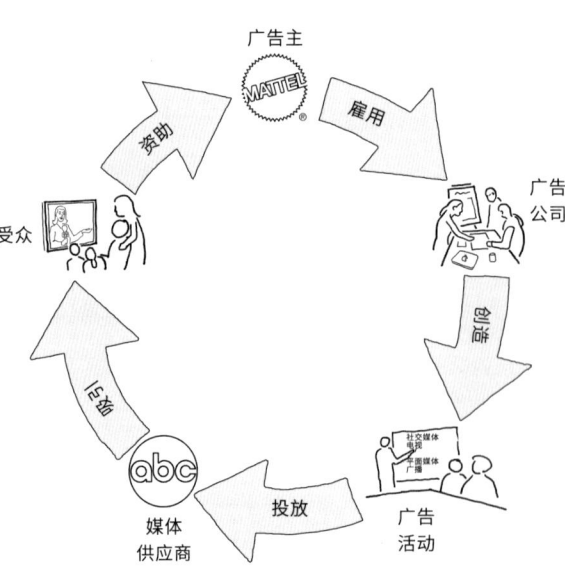

7

广告公司不做广告

广告主：试图通过大众传播影响或告知他人的个人、组织或公司。

广告公司：受雇于广告主的企业，主要负责开发策略和材料，以提高消费者的认知和行动。

媒体供应商：出售广告时间或空间的通信渠道，如：电视网络、网站、报纸或广告牌的所有者。

排版设计

画面

品格 / 调性
阿法拉克（Aflac，美国家庭人寿保险公司）所展示的

调色板

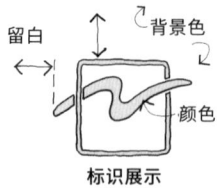
标识展示

常见的品牌标准

广告并非一次性的

　　一个企业或其他类型的机构会通过多种方式公开地展示自己。比较理想的状态是，每个企业都能忠实于一套**品牌标准**，以确保品牌的个性、外观和感觉在各种场合都能保持一致，无论是在线广告、标识，还是客户呼叫中心的电话应答。

　　在开始广告活动之前，请参考广告主的品牌标准。如果标准尚未建立或已时过境迁，那就请协助客户制定品牌标准，这样你就可以在对广告活动背景的共同理解下向前推进。

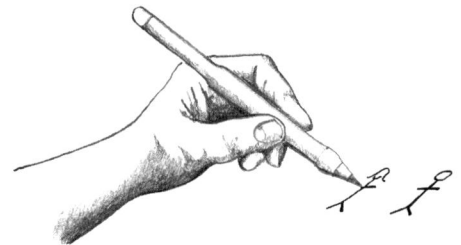

9

艺术在于思想，而不在于形象。

广告活动的视觉产品应当具有美学意义上的吸引力，但真正的广告艺术是对使用产品或服务的情境中的行为、心理和文化背景进行理性深入的洞察。

如果你的手艺很差，你不必去做一个糟糕的艺术家。专注于发展洞察力，并尽你所能地与他人交流。勾勒或剪切和粘贴图像，画简笔画，字斟句酌地表达你的想法，并批判性地评估你的想法。如果你的确有非常强的视觉沟通技巧，不要急于创造一些看起来像广告但实际缺乏洞察力的东西。

10

伟大的设计师很少能成为伟大的广告人，因为他们总是被画面之美征服，而忘记了商品的宿命是被销售。

——詹姆斯·伦道夫·亚当斯

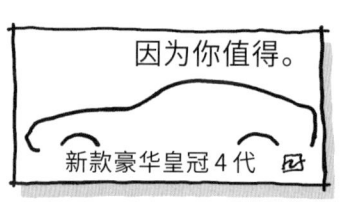

品牌推广活动　　　　　　直接反应广告

品牌推广活动还是直接反应广告？

　　品牌推广活动，或称"软营销"，一般是长期的、基础性的活动。他们通过传达一家公司所代表的东西来建立普遍的识别度和熟悉度。他们可以有效地设定产品质量期待，并与潜在消费者建立情感联系。在产品购买周期较长时，它们在建立消费者对品牌和产品的认知方面是最奏效的。

　　直接反应广告，或称"硬营销"，是集中精力激励受众采取特定行动，例如拨打电话、点击链接、下载应用程序、进行购买或投票。它们最适合在有限的时间内完成特定目标，例如在 7 月份售出 100 辆汽车。直接反应广告的效果可以通过对比广告活动前后的数据来监测。

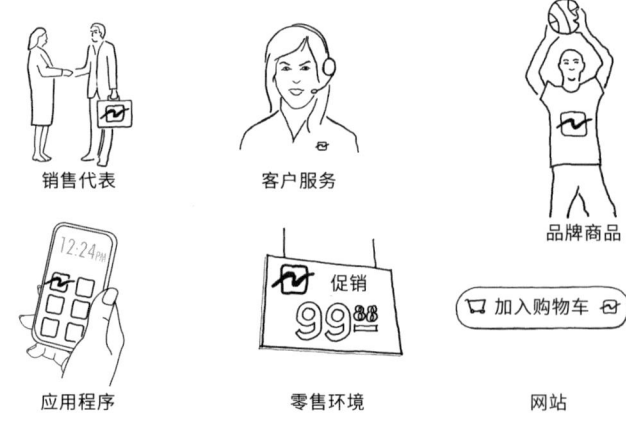

一些常见的接触点

12

接触点

  接触点是一个企业与消费者互动的任何方面。通过接触点，消费者会对企业及其诚信、质量和产品线形成整体的印象。在理想的情况下，客户在售后服务部门的体验与激发他们去了解这个品牌的广告活动完全一致。

13

销售卫生纸时要强调覆盖面,但宣传碧昂丝要来镇上时,则要强调频次。

覆盖面是指听到你的信息的人数。如果一款产品能够被广泛的人群使用,并且没有季节性变化,那么,在很长一段时间内,即使是间歇性的,也要向尽可能多的人在尽可能多的场所做广告。

频次是指人们听到一条信息的次数。如果你的产品在很短的时间内吸引了特定的受众,那就在可用的时间跨度内尽可能频繁地做广告。

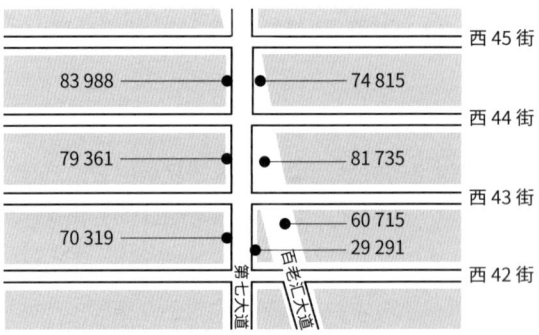

纽约时代广场日均行人通行量，2017 年 2 月
资料来源：美国时代广场联盟

14

大多数企业所做的最大的广告决策是位置

那些看重"途经"或者"散步"流量的企业可以获得繁华区域带来的红利。但是,即使是不依赖于直接与客户接触的公司,也会因其在繁华地段设有公司标识而提高品牌知名度。地处偏远地区的公司,或者与客户互动只在网上进行的公司,通常情况下必须将节省下来的租金用于投放广告。

"在成为游击队员之前,你是我的儿子。"

一场广告活动助力终结世界第二长的内战

哥伦比亚革命武装力量于1964年开始参与反对哥伦比亚政府的恐怖主义活动。经过超过45年的冲突,哥伦比亚国防部向一家广告公司寻求帮助,以劝阻革命游击队继续参与其中。

2010年圣诞节前不久,哥伦比亚的一家广告公司Lowe SSP3在哥伦比亚革命武装力量武装人员经常去的丛林中放置了装饰好的圣诞树。其中有一条横幅上写着:"如果圣诞节能来到这片丛林,那么你也能回家。别打了,休战吧。"游击队被发现叛逃,与家人一起度假。一年后,在游击队经常出没的一条河上,这家广告公司让一只装载着发光塑料球的木筏漂浮在河面上,上面有游击队员家人的礼物和信息。游击队再次被侦察到撤退。

几年后,哥伦比亚革命武装力量宣布单方面停火。从此以后,这支武装力量与哥伦比亚政府谈判达成协议,结束了长期的争端。

别去评判，要去了解。

不要因为一款产品对你有吸引力而正面评价它，如果你自己不用，也不要去负面评价它或它的受众。接受并融入产品用户的观点、情感状态和雄心壮志。如果你费心费力制作的广告并非出自你或客户的个人喜好，请谨记，重点是要去吸引目标受众，而不是你自己或广告主。

产品　　　　　　　　物理/实际场景　　　　　　　情感场景

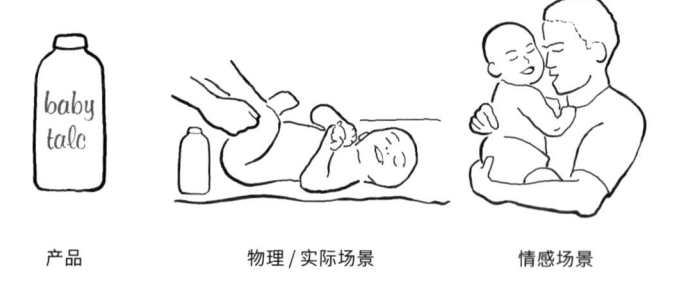

17

展示场景

消费者不会因为产品而购买产品,他们购买它是因为他们想让自己的生活变得更好。突出展示消费者可能使用产品的场景,会使他们更容易将个人报偿与这款产品联系起来。

这款产品
适用于所有人……

这款产品
适用于……的人

18

你可以通过聚焦更少人来获得更多

没有任何产品和广告活动能引起所有人的共鸣。识别并且定位一个有购买意向的人——那种对你的产品价值有内在理解的特定类型的人。也会有其他人像他或她一样。如果你想触达每一个人，就要冒被你的核心受众忽视的风险。最好是吸引相对少数喜欢你的产品并愿意为它付费的人，而不是吸引更多不冷不热且不会掏钱购买的人。

如果核心客户很难识别，那就更多地了解那些永远不会使用这款产品的人，以及那些你不太可能寻求他们想法的人。去对他们进行调研，以了解他们是谁。在这期间，你可能会找到你的目标受众。

新的广告活动

斯巴鲁在美国的销量，1968—2016 年

斯巴鲁找到了它的核心受众

1968年，斯巴鲁进入美国市场。从那以后，它就一直在努力提高销量，并建立能够与其他亚洲进口汽车相当的市场份额。到20世纪90年代初，它的销量开始下滑。斯巴鲁开始接受它永远不会成为一个主流品牌的事实。但谁喜欢斯巴鲁，又是为什么而喜欢斯巴鲁呢？

斯巴鲁对它的客户展开了消费者调研。调研发现，该公司一半的销售额是由五个群体拉动起来的：教育工作者、医疗工作者、技术专业人员、"户外活动"爱好者和单身女性户主。这些客户看重斯巴鲁的全时四轮驱动，因为它可以让他们在恶劣的条件下工作，而且作为货车，它可以装载很多装备，同时又比卡车的操作感更好。

因此，斯巴鲁推出了一场针对以上这五个群体的广告活动。他们发现，在他们女性户主的群体里，女同性恋者占比很高。斯巴鲁开始在其广告中加入一些暗语和指向性的话语，以吸引同性恋者。斯巴鲁赞助了同性恋骄傲大游行，还和彩虹信用卡合作，聘请前职业网球选手玛蒂娜·纳芙拉蒂洛娃出演广告，她是一名女同性恋者。这场运动受到了抵制的威胁，但斯巴鲁发现，抗议者从未购买过他们的车。从那以后，公司一直在成长。2016年，美国斯巴鲁连续第八年创下年度销售纪录。

找到狂热分子

寻找那些念念不忘的人。当人们足够喜欢某样东西并且愿意为了它花钱时，会表现出更长的思考时间和更大概率的广告响应。例如，订阅了《柔术》(*Jiu-Jitsu*)的人会完整地从头看到尾，但那些会去借阅副本的人就不会这么做。在 Hulu（美国的一个视频网站，由 NBC 和福克斯共同注册成立）上付费观看《南方公园》(*South Park*)的用户会仔细观看，但其他人可能不会注意到普通电视上的某一集或附带的广告。

与现有的粉丝群建立联系。人们会因自己身为一个团队的一员而感到自豪，不管是体育迷还是癌症防治的拥趸。出于能和一个团体建立起联系的强烈意愿，他们可能会花 3 倍的钱去购买带有这个团队标识的马克杯，而不是一个普通马克杯。将一个品牌和一个受欢迎的团体结合起来能够最大限度地提高该品牌的曝光率。

创建一个粉丝文档。每款产品都有一个粉丝群——他们喜欢它，经常购买它，还会和其他人说起它。通过确定现有粉丝的主要人口统计数据和行为来创建粉丝档案，并瞄准有类似行为或想法的人。

寻找对相关事物感兴趣的狂热分子。寻找对产品相关事物充满热情的受众。如果你经营一家甜甜圈店，就去寻找喜欢咖啡、早报或当地企业的人。

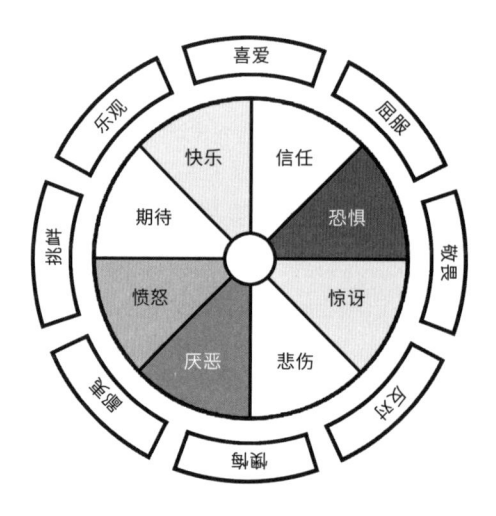

普鲁契克情感色轮（部分）

越是昂贵的产品，就越需要感性的吸引力。

奢侈品的价值通常在于其卓越的品质，但更重要的是它们所提供的情感满足。通过将自豪、快乐、成就、专属和向往与他们的产品联系起来，昂贵的品牌提高了他们的感知价值。一个品牌的情感诉求越成功，它在生产成本和零售价之间的利润空间就越大。

1　RadioShack,美国消费电子产品专业零售商,销售的产品种类包括无线通信、电子部件、电池和配件以及其他数码技术产品和服务。——译者注

22

如果你想让客户放弃他们的隐私，就要提供相应的好处。

最有用和最准确的数据通常直接来自客户。如果能得到回报，大多数人都会提供一些个人信息。他们可以提交自己的电子邮件地址以获得优惠券，观看一个 30 秒的视频以获得一小时的 Wi-Fi，或者回答几个调研问题，以继续阅读付费专区后面的文章。

然而，隐私几乎总是被线性地牺牲的。所以，如果你正在寻找敏感信息，请确保你的"给予"是合适的，否则将无法获得。

300×250 像素
插屏广告

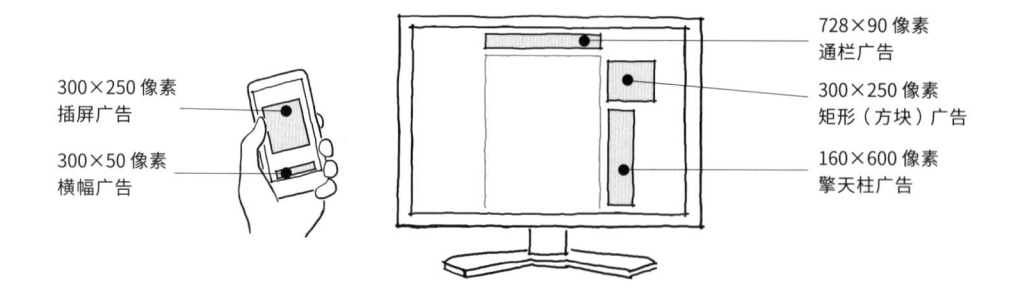

300×50 像素
横幅广告

728×90 像素
通栏广告

300×250 像素
矩形（方块）广告

160×600 像素
擎天柱广告

美国互动广告局选定的标准在线广告尺寸（像素）

让数字受众决定什么才是对他们最有效的

在印刷媒体上，人们会做出被判断为最有可能奏效的广告。在数字领域，受众可以帮助他们判断出来。通过制作多个广告或同一广告的各种形式，你可以通过跟踪广告的投放情况和由此产生的销售额来实时获知哪个效果最好。算法可以跟踪不同广告尺寸、配色方案、字体、图像、复制点、报价和行动号召的表现，进而提供最具吸引力的格式。

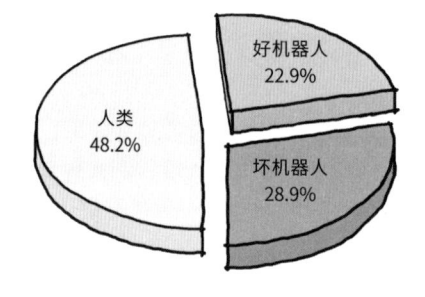

2016 年网络流量
资料来源：Imperva Incapsula[1] 机器人流量报告

1　Imperva Incapsula 是美国基于云的应用程序交付平台。——译者注

你能有幸触达一半在线受众

尽管已经使用人口统计和个人标准精细定位来做广告，但至少有一半的在线广告从未被目标受众看到，原因如下：

加载中断 / 加载缓慢： 当一条广告加载不正常或者加载速度不够快时，用户可能会在看到广告之前就离开，但广告主可能会为此付费。

遮蔽隐藏： 浏览器窗口页面边缘出现的广告可能会被完全隐藏，或者只保留一小部分。这可能足以让它被计入浏览量。

像素填充： 广告可能会被无良媒体供应商"填充"到单个像素中。它不会被任何人看到，但也会被计入浏览量。

广告作弊： 一个广告被直接放置在另一个广告上。下一层没有被看见的广告也将被计为已浏览。

机器人程序流量： 好机器人抓取网络数据，为搜索引擎创建合法的内容。坏机器人则是使用软件模仿人类的浏览行为（甚至可以做到滚动和点击链接），以人为提高广告浏览量。

广告拦截： 美国互动广告局估计，2016 年，有 26% 的桌面用户和 15% 的移动用户使用广告拦截软件。

John Wanamaker

约翰·沃纳梅克

我花在广告上的钱有一半被浪费了,但问题是我不知道是哪一半。

——约翰·沃纳梅克,百货公司巨头

纽约市卡茨基尔的一个广告牌

只有在受众遇到麻烦时才唤醒他们

  一条保释担保人的广告会询问你是不是正被法律追究。贷款公司或税务律师会询问你是否负债。危机热线会大声地关切你是否有阴暗的想法,是否正在遭受虐待或不公,或者是不是正在戒毒。

  但派勒斯不会说它的鞋子适合那些囊中羞涩的人。路铂廷不会说它的鞋子适合腰缠万贯的人。玖熙不会说它的鞋子是给那些买不起路铂廷的时髦女性设计的。它们必须通过潜台词——广告的图像、颜色、字体、音乐和遣词造句,以及出现在广告中的演员、模特或代言人——来吸引目标受众的注意力。如果潜台词处理得当,受众就会心领神会。

Beacons（美国创作者的在线网络平台）使用 GPS（全球定位系统）技术向零售购买者发送优惠信息

它一直在投放广告,直到它被放进购物车。

与任何其他形式的广告相比,购买点(POP,Point-of-purchase)广告展示、货架挂架和产品包装在物理层面上更接近消费者。它们是影响消费者决定是否购买之前的"最后接触"。它们应该去强化和巩固广告媒体先前建立的品牌基调和外观。可识别的一致性会给人带来舒适感,并使购物者更愿意购买。

未调制波

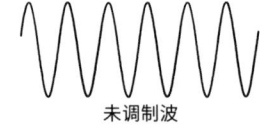

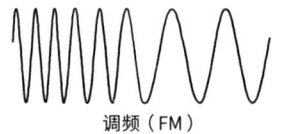

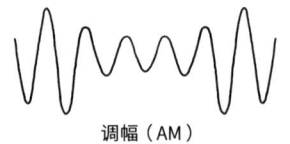

调频（FM）

调幅（AM）

为什么调幅广播听起来很糟糕

无线电波会随振幅（高度）和频率（它们的"摆动"速率）自然变化。调幅广播通过振幅的变化来传递声音信息，而调频广播则通过频率的变化来传递声音信息。这些变化相应地由调幅和调频接收器解码。但在发射器和接收器之间，环境因素——天气状况、地理障碍物、建筑物和其他无线电信号——会干扰。振幅会因这些因素而失真，但频率通常不会。另外，振幅也会随距离而衰减，而频率则不会。因此，调幅广播很少能保持纯粹的信号，而调频广播在其有效范围内能维持大部分或全部质量。

即使在理想的广播条件下，调幅广播听起来也很差。调频信号的带宽几乎覆盖了人类能够接受的听力阈值。调幅信号的带宽要窄得多——足够用于语音，但不足以用于音乐声音。

纯播
在线提供或
仅通过卫星传输

流播
地面调幅 / 调频广播
通过互联网收听

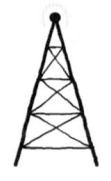

地面
传统的塔式调幅
和调频广播

更少广告 ⟵⟶ 更多广告

商业电台

使用重复的无线电频率

人们很少只听一个无线电台。不同电台共享的听众构成了他们的**重复受众**。如果一场广播活动需要触达很多人，那就在受众重复率低的电台做广告，这样会有很多不同的听众听到它。如果现在的广告目标是频率，那就选择拥有大量听众的电台，这样同一个人将一次又一次地听到这个广告。

	8:00	8:30	9:00	9:30	10:00	10:30	11:00	11:30
HLN 美国头条新闻台	《法医档案》	《法医档案》	《法医档案》	《法医档案》	《法医档案》	《法医档案》	《法医档案》	《法医档案》
HGTV 美国家园频道	《房屋猎人》	《房屋猎人》（国际版）	《房屋猎人》	《房屋猎人》（国际版）	《改建重建大作战》	《改建重建大作战》	《房屋猎人》	《房屋猎人》（国际版）
abc 美国广播公司	《丑闻》		《逍遥法外》		7—10点晚间新闻	吉米·坎摩尔直播秀		夜间新闻

丹佛地区黄金时段在播列表

通过节目在无线电视上做广告，通过网络在有线电视上做广告。

  美国广播公司（ABC）、哥伦比亚广播公司（CBS）、全国广播公司（NBC）和福克斯广播公司（FOX）是在电视广播时代创立的。它们的使命和节目模式几乎与最初建立时保持一致：每个台都旨在覆盖更为广泛的人群，全天候不间断地为不同观众播放各种类型的节目。相比之下，一个典型的有线电视网络则去寻找具有特定兴趣的观众。它每天播放相同类型的节目，并经常重复播放剧集。

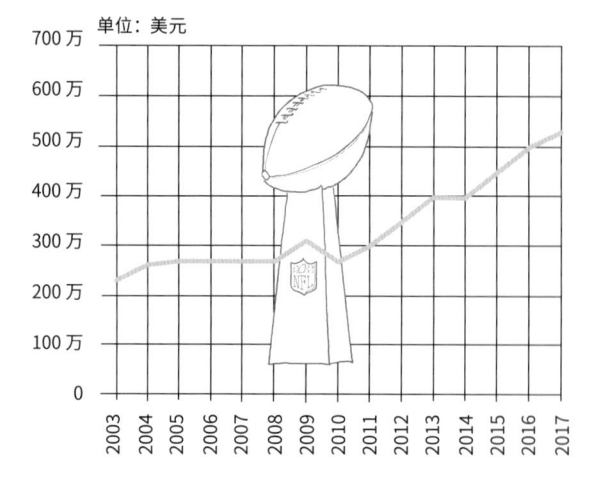

30秒超级碗电视广告的平均成本

谁都有能力在超级碗期间做广告

　　电视的广告时段可在电视网级别或地方"点位"级别进行购买。一个电视网级别的超级碗广告将覆盖全国观众,其花费达数百万美元。而到了地方一级,广告成本要低得多。在得克萨斯州阿马里洛播出的一条 30 秒的广告大约是 3 400 美元,在缅因州普雷斯克艾尔的价格是 1 800 美元,而在阿拉斯加州朱诺,则是 810 美元。

单位：美元

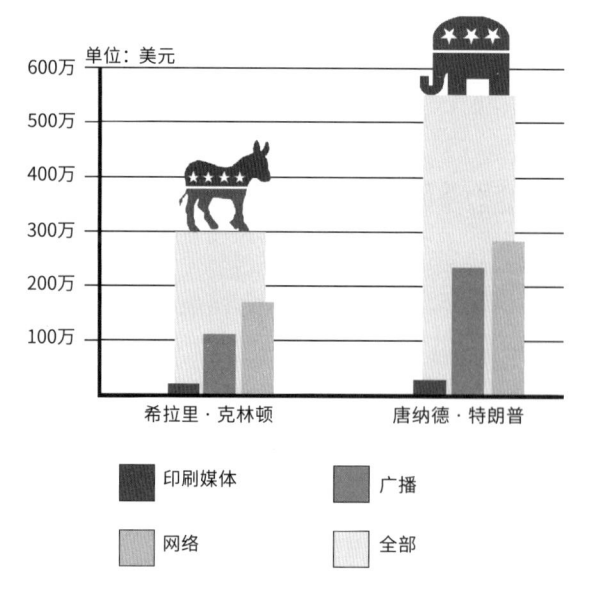

	印刷媒体	广播
	网络	全部

希拉里·克林顿　　唐纳德·特朗普

2016年美国总统大选的免费媒体报道

如果能赢得，就别花钱买。

付费媒体（Paid Media）是指通过媒体渠道向公众分发的传统广告。其广告成本取决于观看广告的观众规模以及对媒体空间的占有。

赢得媒体（Earned Media）是指新闻报道、社论和社交媒体热议等曝光。它的主体是没有什么成本的。

赢得媒体可能是基于寻求曝光的一方主体主动发布的新闻稿。例如，一家汽车公司发布新款车型，一家百货公司聘请新的首席执行官，或者一位政治家宣布竞选公职。在通常情况下，这些会被媒体报道为纯新闻（straight news）。

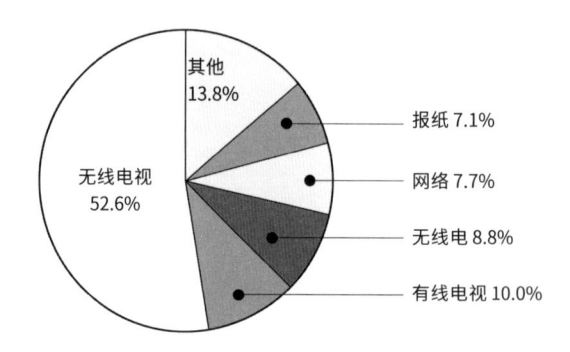

其他 13.8%
报纸 7.1%
网络 7.7%
无线电 8.8%
有线电视 10.0%
无线电视 52.6%

根据媒体份额估算的 2016 年美国政治支出

政客的花费最少

美国联邦通信委员会要求广播公司在美国总统初选前 45 天和大选前 60 天以最低价格向联邦政治候选人出售时段。而政治行动委员会并不享有此类保护性政策。电台甚至可能会以正常费用的两倍或三倍向他们收费,以弥补电台减少的收入。

死于吸烟

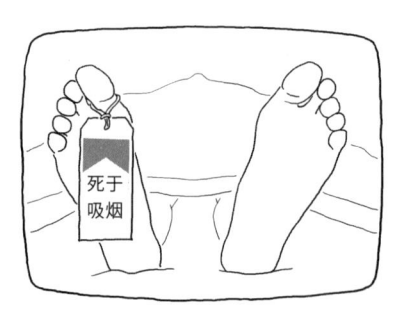

公平原则

美国联邦无线电委员会成立于1926年，旨在保障无线电广播这一新领域的政治对话。它的第一个任务是1929年的一项声明：无线电台在报道有争议的问题的一方时，如果另一方提出要求，必须允许另一方表明其立场。

1968年，联邦通信委员会接续了原联邦无线电委员会的工作，将已经被公众熟知的公平原则扩展到商业广告范畴，并规定：每个播放香烟广告的电视台和无线电台，也必须播放有关吸烟危害的公益广告。

公平原则在随后的几十年中被废除。然而，**时间均衡原则**在选举中依然有效。它明确规定，向候选人出售播放时间的无线电台和电视台必须给予其政治对手同样的时长分配。

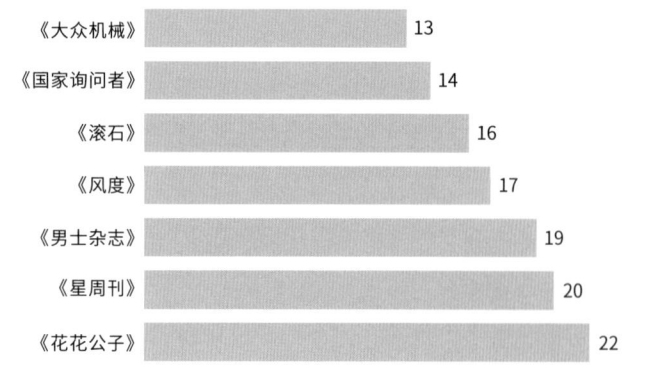

杂志	版面数
《大众机械》	13
《国家询问者》	14
《滚石》	16
《风度》	17
《男士杂志》	19
《星周刊》	20
《花花公子》	22

烟草广告版面最多的杂志，2012年4—9月
资料来源：媒体雷达

联邦对香烟广告的禁令增加了吸烟人数

　　香烟广告和新增吸烟者的关系不大,它主要帮助广告主从其他品牌那里争取到更多现有吸烟者。另一方面,禁烟公益广告在劝阻不吸烟的人开始吸烟和鼓励轻度吸烟者戒烟方面已被证明是有效的。

　　从1971年1月2日起,美国政府开始禁止在电视和广播中做香烟广告,其初衷是让业已减少的吸烟人数更大幅度地减少。但在广告禁令开始后的两年多时间里,吸烟人数不降反增。其主要原因是广告禁令动摇了公平原则的引证基础。由于电台被禁止播放香烟广告,他们也就不再被要求播放禁烟的公益广告了。强制性公益广告的益处也随之消失。

杰克·帕兰斯在《城市乡巴佬》中饰演卷毛

最优选里没有并列项

一场广告活动可以有几个目标，但只有一个最优选：增加 10% 的销售额，或提升 30% 的知名度，或赢得选举。如果这个最优选里包含一个"和"，那就意味着它尚未定义必须优先于其他所有的事物。

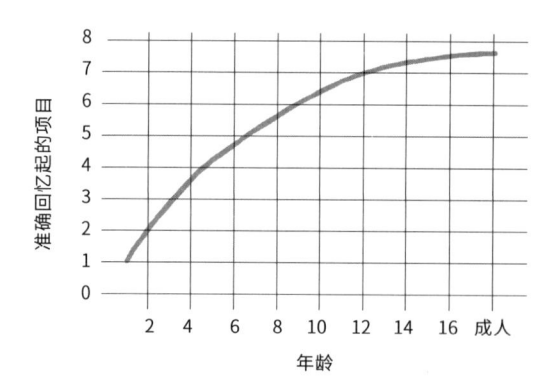

成人的记忆可以回忆起大约 7 个数字的序列

更多选择反而让人束手无策

在一项具有里程碑意义的研究中，研究人员希娜·艾扬格和马克·莱珀在一家食品店摆了一张桌子，展示了 24 种果酱。他们向愿意试用免费样品的购物者提供 1 美元的折扣券。而在另一天，他们只展示了 6 种果酱。种类更少的展示并未吸引那么多感兴趣的人来尝试，但却在销量上 10 倍于样品更多的展示。

心理学家认为，提供太多选择会阻碍购物者购买，原因如下：这样会因更加耗时而引起焦虑，选择多是在鼓励购物者认为他们应当做出一个完美的选择，而且这也要求他们去追踪比他们能自然记住的更多商品。出于类似的原因，菜单工程师格雷格·拉普建议，餐厅在每个菜单类别中提供不超过 7 个选择。

普通杯 大杯 超大杯

大多数人选择中间项

人们并不希望看起来很廉价,但也不想过度花费。当面对一系列不熟悉的选择时,大多数人会购买中等价格的产品,或者至少是第二便宜的产品。因此,餐厅菜单上仅次于最低价的套餐和第二便宜的葡萄酒应该有最高的利润率。

逆反心理

当我们想要参与某项活动,但自由受到限制时,我们对这项活动的兴趣往往会增加。在一项关于**心理逆反**的研究[1]中,研究人员发现,"仅限一天特价销售"这种广告,相比持续时间更长或未说明持续时间的促销广告,更能增加消费者购买的可能性。另一项研究[2]发现,与没有限购数量的情况相比,一般购物者在"限购四件商品"时会购买更多的商品。逆反心理也会产生相反的效果:高压推销会让购物者刻意回避某件商品,即使一开始他们对它很感兴趣。

逆反心理在其他情况下也很常见。我们对"限时抢购"的反应可能也恰恰解释了家庭购物网络为何成功——它也只允许在产品播出时间段限时购买。研究[3]发现,与允许使用磷酸盐的坦帕居民相比,禁止使用磷酸盐的迈阿密居民对含磷洗衣粉的评价更高。2003年,艺人芭芭拉·史翠珊为了保护自己的隐私,禁止公开发布其个人照片。但她的这一举动反而引来了更多的关注。科技新闻网站Techdirt的博客作家迈克·马斯尼克将这种现象命名为"史翠珊效应"。

---

1 Greg J. Lessne, "The Impact of Advertised Sale Duration on Consumer Preference," *Proceedings of the 1987 Academy of Marketing Science Annual Conference*.
2 Greg J. Lessne and Elaine M. Notarantonio, "Effects of limits in retail advertise-ments: A reactance theory perspective," *Psychology and Marketing* 5, no. 1 (Spring 1988): 33–34.
3 M. B. Mazis, R. B. Settle, and D. C. Leslie, "Elimination of phosphate detergents and psychological reactance," *Journal of Marketing Research* 10 (1973): 390–95.

PEPPERIDGE FARM

非凡农庄饼干

愿望并不总是面向未来的

愿望是一种强烈的、长期被感受到的欲望、渴求或雄心。它是我们想要的生活,进而将我们投射到未来。但我们常常渴望一个更像过去的未来,一个拥有我们记忆中或是自以为记得的童年时代的快乐、安稳和简单的未来。我们需要从这两方面入手,弄清楚受众想要过怎样的生活。

鹅肝	21.86 美元
每日低价	
烤鸭	32.98 美元
快销低价	
沙门氏菌鸡	9.88 美元
即将恢复原价	

用定价吸引他们

9.99 美元 /9.95 美元定价：研究表明，由于我们按照从左到右的顺序阅读，因此更加注意看一串数字的首位数。我们会认为 9.99 美元实际上更接近 9 美元，而不是 10 美元。如果美元前面的数字被放大，超过美分时（9^{99} 美元），这种感觉还会增强。

反常定价：2.08 美元或 3.67 美元这样的价格暗示卖家正在以尽可能的最优价来提供商品。沃尔玛拒绝采用特价销售，而使用的是这种定价策略。

区间定价：网购者可能会在低到高的价格区间内搜索商品。例如，扶手椅的价格为"300~500 美元"或"500~700 美元"不等。根据这样的价格区间设置，价格 500 美元的椅子就不会出现在较低价的区间里，但 499 美元的椅子就有，这意味着它能被更多购物者看到。

菜单定价：餐馆通常喜欢 0.95 这样的尾数定价，可能这样看着比 0.99 的结尾更有尊严。"整美元"的定价，像"10.00 美元或 10 美元"，则表示饭后可以体面整洁地付账，没有叮当作响的硬币声。省略掉美元符号的菜单——"鹅肝酱：19"，暗示出一种超越商业庸俗气息的优雅体验感。康奈尔大学的一项研究[1]发现，最后一种格式更能促进顾客在上面提到美元的菜单上的消费——无论是用符号（$）还是文字（美元）。

---

1 S. S. Yang, S. E. Kimes, and M. M. Sessarego, "$ or dollars: Effects of menu-price formats on restaurant checks," *Cornell Hospitality Report* 9, no. 8（2009）: 6–11.

布鲁明代尔大号棕袋

给一次性用品一个归处

美国人每年会丢弃 2 900 万吨不可生物降解的包装。品牌方会花钱制作耐用的、定制的袋子和盒子，这样既可以减少垃圾填埋，也可以在销售后继续为消费者提供价值，并通过每次重复使用制造广告印象。

包装不一定要做得像蒂芙尼盒子那样优雅独特才行得通。一家品牌餐厅的塑料杯，可以免费或便宜地续杯，当这个品牌被放在客户的办公室、汽车和橱柜里的时候，会招徕回头客。印在纸板箱上的品牌标识也在运输途中增加了品牌曝光率，甚至在之后，客户会重复利用它来邮寄个人物品。消费者会喜欢这些附加项，同时还能减少对环境的影响。

给你一些薄荷糖,治你的口臭。

谢谢。给你一个棕色的袋子盖你脸上。

内疚感

从杂货店的托盘里试吃一个免费的甜甜圈，会增加你把甜甜圈放进购物车的可能性。如果是由一个人递给你一个甜甜圈，你购买的可能性更大，因为它激发了你的**互惠本能**。你和为你做事的人之间的互动越直接或越个人化，你想要回馈去扳平的本能反应就越强烈。

发表在《应用社会心理学杂志》[1]上的一项研究测试了服务员给客户递账单时附送薄荷糖对小费的影响。第一组服务员在什么也没说的情况下送了薄荷糖，他们比对照组多得了 3% 的小费。第二组在递账单时提到送薄荷糖，他们的小费比对照组多得了 14%。在第三组中，服务员在结账时也带着薄荷糖，并且会大声地告知顾客，如果还需要一些，稍后还会再拿更多薄荷糖。在这种情况下，他们的小费比对照组多得了 21%。

研究人员得出结论，个性化是其中的关键因素。顾客将第三组服务员的跟进行为视为购买后的询问，是一种真正关心的表现。

---

[1] David B. Strohmetz, Bruce Rind, Reed Fisher, and Michael Lynn, "Sweetening the Till: The Use of Candy to Increase Restaurant Tipping," *Journal of Applied Social Psychology* 32 (2002): 300–309.

温蒂汉堡的创始人兼首席执行官戴夫·托马斯出演了 800 多个电视广告，比任何一家公司的创始人都多

为1%的人做榜样是有风险的

如果名人以及其他社会和经济精英与主流消费者有共同的生活兴趣，那么他们就可以帮助提高品牌知名度，即使这个共同的兴趣是名人的表演、模仿或音乐事业。但是，与观众没什么明显兴趣交集的精英可能会产生怨念。任命一家公司的首席执行官尤其有风险，因为他与消费者的共性仅限于品牌本身。除非这位首席执行官非常谦逊质朴、风度翩翩，否则如果他或她在广告中露面，可能看起来像是在抢客户的钱。

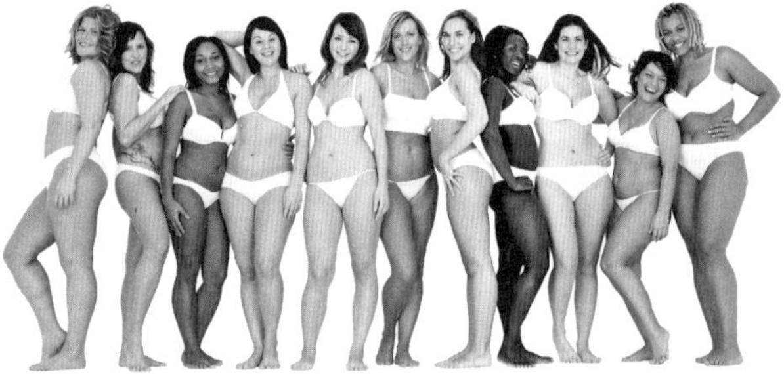

多芬的"真美行动"

多芬生产美容产品,包括香皂、除臭剂和洗发水。2013年,它开始打出"女性比自己想象的更美"这样的理念。

在这场以视频为主的活动中,女性将自己描绘成一位正坐在窗帘后面创作素描的艺术家。随后,请一位陌生人用第二幅素描刻画同一名女性。然后,每位女性展示她的两幅画像。女性将自己的脸描绘得疲惫不堪、布满皱纹,这与陌生人对她们美丽、活泼的面容的描绘大相径庭。

"真美行动"在12天内被超过5 000万人观看,成为当时最受欢迎的视频广告。但在视频里,它一次也没有提到香皂或任何其他产品。

本条消息过后，我们马上回来。

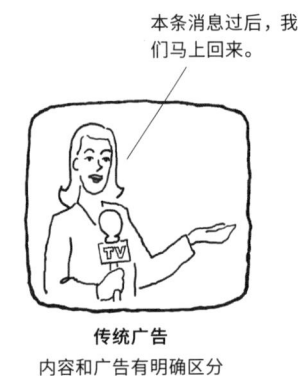

传统广告
内容和广告有明确区分

植入式广告
广告产品出现在内容中

原生广告
广告以类似新闻内容的形式呈现

软文

　　原生广告出现在大众杂志或新闻网站这样的编辑内容里。它会将自己伪装成新闻文章、专栏、产品报告或其他编辑内容。它不含强行推销的信息，而是那种帮助提供技巧、提示、最佳实践案例或专业知识的内容。

　　一篇软文或许会受到 DIY（自助）网站的访问者或超市小报读者的欢迎。但在某些情况下，读者可能会对发表这些内容的意图感到困惑，或有上当受骗的感觉。

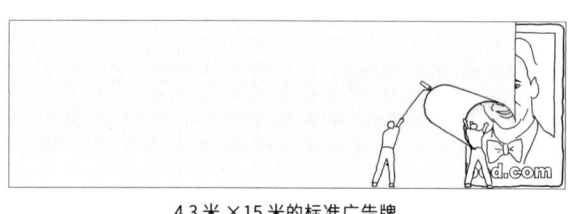

4.3 米 ×15 米的标准广告牌

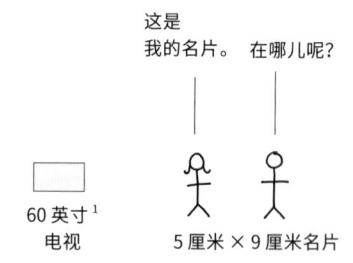

60 英寸[1]
电视

这是
我的名片。 在哪儿呢?

5 厘米 × 9 厘米名片

1　1 英寸 =2.54 厘米。——编者注

别缩小广告牌，也别放大名片。

　　不同的媒体对广告主和受众会提出不同的要求。这需要你为每种媒体单独开发具体的方法。广告牌很大，但视线停留的时间非常短，转瞬即逝；即使是有时间阅读文本段落的人，也无法克服媒体固有的障碍。在线视频广告虽然看起来与电视广告相似，但可以在台式机、平板电脑或移动设备上近距离观看——如果有"跳过"选项，可能也只会持续几秒钟。名片很小，你在收到的时候可能几乎注意不到什么，但你可以直接接触它们，之后也可以仔细查看。

联邦贸易委员会
保护美国消费者

你可以选择道出真相，但你不能说谎。

演示尿布、除臭剂甚至下水道清洁剂的实际使用可能会令人不快。如果你无法在毫无冒犯之意的情况下展示产品的使用方式，那就请直白地道出真相。如果没有什么更好的替代性方案，没有人会因产品与实际不符而指摘你。只有在故意歪曲事实或谎话连篇的情况下，只强调积极因素，淡化消极因素，才是不道德的。

大多数美国人不知道

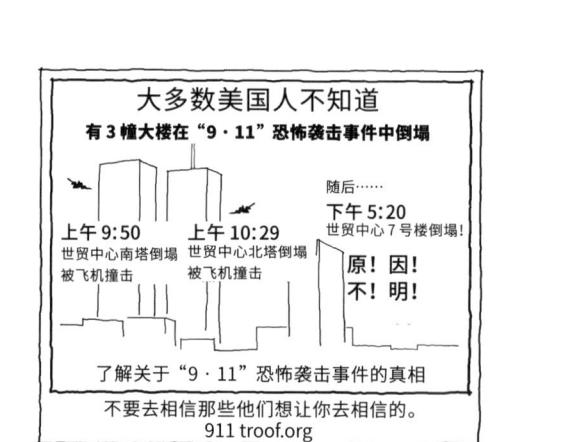

有 3 幢大楼在 "9·11" 恐怖袭击事件中倒塌

上午 9:50
世贸中心南塔倒塌
被飞机撞击

上午 10:29
世贸中心北塔倒塌
被飞机撞击

随后……
下午 5:20
世贸中心 7 号楼倒塌！

原！因！
不！明！

了解关于 "9·11" 恐怖袭击事件的真相

不要去相信那些他们想让你去相信的。

911troof.org

真相是宣传的关键要素

宣传提倡一种观点或议程，通常具有政治属性。宣传的手段往往是有偏见的、欺骗性的、夸张的、容易引起混淆的，但它的核心策略是编织和布局高度精准的真相。真相经过精心编排或断章取义，让容易轻信的人去相信，与之相伴随的歪曲和谎言也都是真实的。

合法的说服力求通过证明立场的更大内在价值来改变观点。它以合理的完整性和公平性呈现一个问题的各个方面，旨在说明为什么辩论者的立场总体上更可取。宣传常常倾向于不改变观点，而是揭示和强化现有观点。

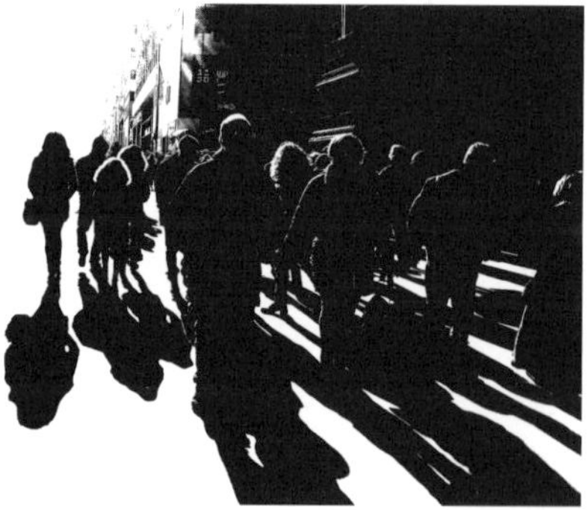

我们的语言即媒介,我们的媒介即隐喻,我们的隐喻创造了我们的文化的内容。

——尼尔·波兹曼,《娱乐至死》

©   TM   ®   SM

版权
保护书面、视觉、音乐和其他作品，直至作者死后 70~120 年。公司标识、吉祥物或类似的标识符不受版权保护。

商标
在美国专利及商标局注册（®），保护标识商品或服务来源的标语、声音、徽标和图像。非注册商标用 ™ 或 ᴳᴹ（服务商标）表示。

知识产权

你希望在广告中反复使用的任何现有图像、音乐、角色或副本,都可能受版权或商标保护。对受保护资产的重复使用许可和付费取决于你预计使用它的时间、地点、方式和频率。完全买断才允许无限使用。否则,每次使用都要经协商获得授权和付费。一项协议允许在波特兰的三家报纸广告中使用照片,但不允许在西雅图的杂志上使用。如果没有新的协议,也不得在 30 秒版本的广告中使用 60 秒广播广告中使用的音乐。

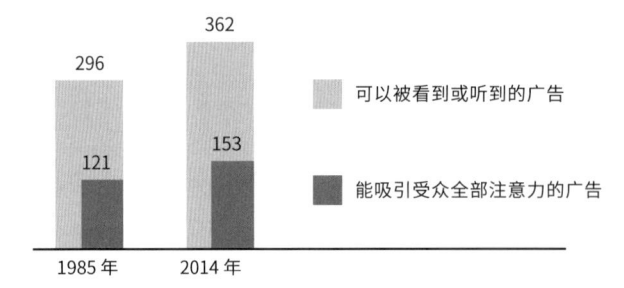

```
                    362
    296
                    ▓ 153         ░ 可以被看到或听到的广告
    ▓ 121
                                  ▓ 能吸引受众全部注意力的广告
   1985年          2014年
```

每人每日广告曝光量
资料来源：媒介动力公司

损耗

　　所有的广告最终都会失效。在广告时效已过后再继续投放广告可能会激怒消费者。一旦达到最大效率，广告效果的损耗就会更为迅速。广告的受众也不会再被争取回来了；一旦过去了，就再也回不去了。

　　广告的损耗是频次、曝光和时间相互作用的结果。大量投放并且集中针对同一目标受众的广告效果可能会在四周内达到耗尽状态。同样的广告如果是以适中的频次投放，每年投放一周，其效果可能持续数十年。吉百利奶油彩蛋的电视广告 30 多年来一直没变。他们只在复活节前夕投放广告，因为他们可以受益于彼时彼刻观众的怀旧情结。

避开干扰

　　如果把信息放在一个情理之中但意料之外的位置上,就可以把它与同类杂乱无章的信息区分开。例如,如果一个城市的旅游部门在一家旅游网站或《悦游》杂志上做广告,它可能会迷失在竞争对手林立的混乱里,因为它的竞争对手也会选择在这些地方做广告。但如果这座城市以美食和音乐闻名于世,它可能会在 FoodNetwork.com 和《滚石》杂志上找到更为高效的广告媒介。

一则匡威广告

改变动机

当一个品牌或产品略显陈旧，销量停滞不前时，就需要找到新的方法来回应消费者的需求。凯利蓝皮书是一家汽车定价手册的出版商，它将自己变成了与汽车有关的实时数字资源平台。几十年来，西尔斯一直是工具和草坪拖拉机的首选供应商，它以强调自己柔和的一面而闻名，这既宣传了其女性产品系列，又认可了女性在大多数购买决策上的影响力。匡威意识到竞争对手技术更先进的产品已经取代了它的 Chuck Taylors 运动鞋的地位，于是将其重新定位为一种时尚主张的彰显。

海伦·兰斯多恩·里索 1911 年为伍德伯里肥皂拍摄的广告被认为是第一个成功使用性诉求的广告

不要用性诉求来售卖并不性感的东西

如果你在电脑或割草机等实用性的产品的广告中使用性感的视觉形象,观众大概率会看穿这个诡计。他们会很快察觉到你明显是想获得他们的青睐,进而很可能会对此产生心理上的抗拒。[1]

1　Jack W. Brehm, *A Theory of Psychological Reactance* (New York: Academic Press, Inc., 1966).

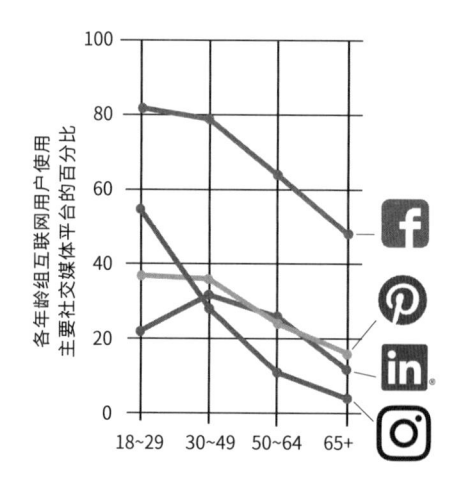

各年龄组互联网用户使用主要社交媒体平台的百分比，2015 年
资料来源：皮尤研究中心

在年轻受众的地盘上与他们见面

在 21 世纪初，欧仕派（Old Spice）是一个拥有老客户基础的老品牌。它聘请了韦柯广告来吸引更年轻的消费者。2010 年，它推出了电视广告"闻香识男人，男人"，演员以赛亚·穆斯塔法以半开玩笑的大男子主义风格扮演"老辣妹"（Old Spice Guy）。韦柯广告从脸书和推特两个平台上挑选了对广告评价比较友好的在线评论，还策划了一场视频应援活动。几天之内，它在优兔（YouTube）上发布了 186 个个性化视频，还让"老辣妹"直接回复粉丝评论。

随着该视频成为历史上最受欢迎的在线互动广告活动之一，推特的关注、脸书的粉丝和该品牌在优兔频道的订阅者都呈指数级增长。到 2010 年年底，欧仕派已成为美国最畅销的男士沐浴露品牌。

英国政府商务办公室（OGC）2008 年的一个标识被撤下，因为它的图案顺时针旋转 90°后是一个性唤起的男人

一个初中生能有多少种方式来取笑它?

写广告就像给一个新生儿起名字:明智的父母会考虑其他人可能会如何取笑每一个可能的名字。在广告活动投放之前,与所有可能的人(包括未参与活动的人)一起进行头脑风暴,讨论一下其他人会如何吐槽、曲解或模仿你的品牌口号、广告文案、产品名称、商业广告和标识。重新排列一下词语、音节和字母,再去切换不同的字体看一下。通过头脑风暴,找出最刻薄、最粗俗和最不合时宜的迷因。去押意想不到的韵脚。性化它们。

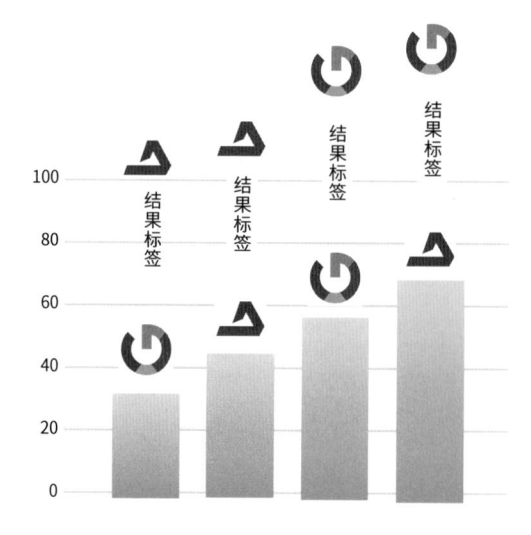

受访者偏爱搜索结果的百分比

调研是为了探索，而不是为了确认。

证真偏差指的是我们倾向于注意到或正面理解与我们的偏好一致的证据，而忽视、低估或歪曲与我们偏好相左的证据。

2013 年，网络调查公司 SurveyMonkey 的一项研究揭示了在线搜索引擎用户的证真偏差。研究人员向一组消费者展示了谷歌和必应的搜索结果，每组结果都根据其搜索源进行了标记。大多数人更倾向于标有谷歌的搜索结果。然后，研究人员展示了第二组故意错标的结果。大多数人还是更喜欢标有谷歌的搜索结果，即使它们其实是必应的搜索结果。这个结果要归因于谷歌强大的品牌形象，这让参与者在调查之前就确认了已经持有的偏好。

数据化
对任何形式的信息进行系统化记录

数字化
以供计算机使用的二进制格式记录信息

数据

第一方数据：公司直接从消费者那里收集的信息。它可能是消费者自愿提供的，例如在实体店内购买时提供的家庭住址，在谷歌上搜索信息，或者在脸书上发帖。它也有可能是无意中提供的，通过监视用户在网站的浏览活动来跟踪记录用户数据。

第二方数据：一家公司通过购买或双方协议的方式，从另一家公司获得的消费者信息。例如，一家豪华汽车制造商从一家豪华手表制造商那里购买数据，或者这两家公司协议共享他们的数据。

第三方数据：广告主从数据聚合商那里购买的消费者信息。这些聚合商从许多来源收集数据，会从全面整体的视角去呈现特定人群或特定 IP 地址用户的习惯和偏好。广告主会在未来的广告活动中使用这些数据来定位特定的受众。

越随机，越准确。

　　获取数据集的方式越随机，得到的结果就越准确。但随机处理并不意味着即兴发挥，它需要系统化。如果你正在一家杂货店做政治调查，系统性地对每十个离开的人进行测试，那么你获得的数据就会比"随机"去接近购物者更随机、更准确，因为第二种情况会受到你对于不同购物者的偏好的影响，你会有倾向地去选择同一些人交谈，而不是其他人。

　　然而，即使是通过最严谨的方式获得的数据，也不可能做到完全随机。从去杂货店的购物者那里收集的数据可能会因为店铺品牌、位置或者因为它是一家杂货店而不是农贸市场或合作社这样的事实，以及开展调查的日期或时间而受到影响。在线调查也会因为参与调查的人倾向于点击链接而使调查结果被曲解。优兔上的赞成和反对投票都是失真的，因为观众本身就倾向于喜欢他们主动搜索的视频。

你有更多的数据，还是只有一个？

数据是足够单一的

　　大多数名词都是**可数名词**，它们有单数形式和复数形式。勒诺有一辆自行车、三美元和许多朋友。**不可数名词**没法用复数的计数表示，例如行李、交通、健康。**集合名词**指一个单独的群体，例如阶层、群体、受众。但集合名词可以是单数或复数，这取决于它指涉的是一个群体还是群体中的人："陪审团（单数）是隔离的"；"陪审团（复数）的意见不一致"。

　　data（数据）是 datum（数据）的复数形式，是指一条信息。它看起来应该是一个可数名词，因为人们常常会说"数据是可靠的"。然而，数据这个词的单复数区分关系几乎不会在日常使用中出现。datum 最常用于表示参考点，而 data 则是作为一个不可数名词使用。

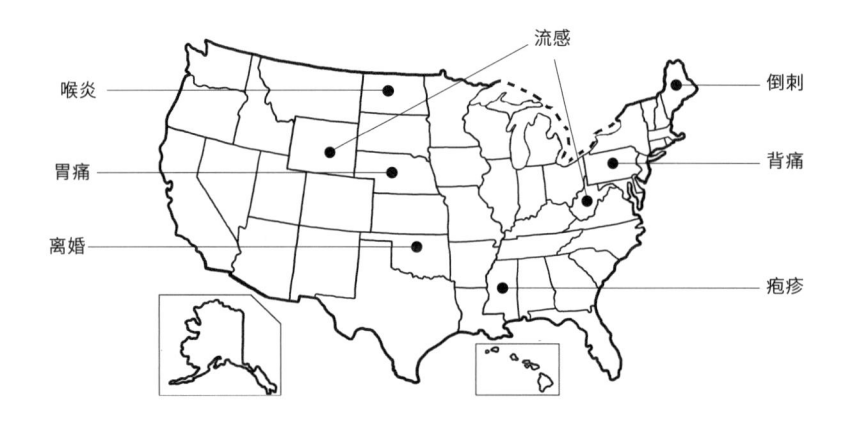

哪个州的搜索词占所有搜索词的比例最高?[1]
资料来源:Google Trends(谷歌公司的一项搜索产品),2016 年

---

[1] 本书插图系原文插图。——编者注

有关大数据的两种观点

大数据胜过专业知识。在数字时代之前，专家需要依靠他们的经验、智慧和直觉来解释人类的行为。大数据的出现让这种专业知识变得不再必要。大数据告诉沃尔玛，天气不好的话，草莓挞会被抢购一空，而谷歌搜索词条的地理集中度可以反映出疾病即将暴发的位置——这些都是专家无法想到的。在数字时代，专家并不比数据更聪明；他们解读到的，只是它所要表达的内容。

直觉胜过大数据。数据能够告诉我们"我们曾经是谁"，但却不能告诉"我们可以成为谁"。真正的创新源自我们感受到的冲动，而不是我们阅读的信息。苹果和特斯拉等高度创新的公司几乎不做任何市场调查。真正的天才是靠直觉去感知，而不是靠分析去推断未来前进的方向。

如果当时我问人们他们想要什么,他们会说跑得更快的马。

——亨利·福特

有时闲逛就是闲逛，有时闲逛就是具体的工作本身。

　　来到广告学院的学生都有不同的技能、长项和弱点。如果你本身是分析型或线性思维导向的人，可能会对那些拐弯抹角地去解决问题的学生感到困惑不已——他们看起来似乎浪费了太多时间。但如果你现在要给戴夫和巴斯特（Dave & Buster's，美国著名街机连锁餐厅）做广告，你能通过网络搜索或数据分析来了解你所需要的信息吗？又或者，就在戴夫和巴斯特的店里闲逛有价值吗？当你就在那里的时候，为什么不去布法罗鸡翅店和当地的游戏厅比较一下呢？

闭门造车的创意是行不通的

　　一个好创意并非绝世独立的，它要与现实世界中的人们联系在一起。如果创作的过程中缺少了社会参与，那么结果就不会吸引除了你之外的其他任何人。

　　当你绞尽脑汁想点子的时候，与他人合作可以让你摆脱困境。即使他们没有给到你具体的想法，也可能会指出一些你此前压根儿没有考虑过的方向。如果你不能认同他们给出的建议，你也很可能会更有动力去想更多的新点子，如果没有其他原因，那这个过程也表明你比他们了解得更多。

你不必誓死捍卫一个观点

持有一种被负面评价的观点会让你感到被误解。你可能会觉得自己太有创意而不被欣赏,成为天才就意味着被大众憎恨。你可能更执着于别人觉得根本行不通的想法,拒绝接受新的想法。

但是,即便那些否定你的奇思妙想的人误解了它,你为什么不能继续前进呢?如果你真的很有创造力,就有能力去想出无数绝妙的点子。紧紧抓住一个不放会阻止其他创意的流动。

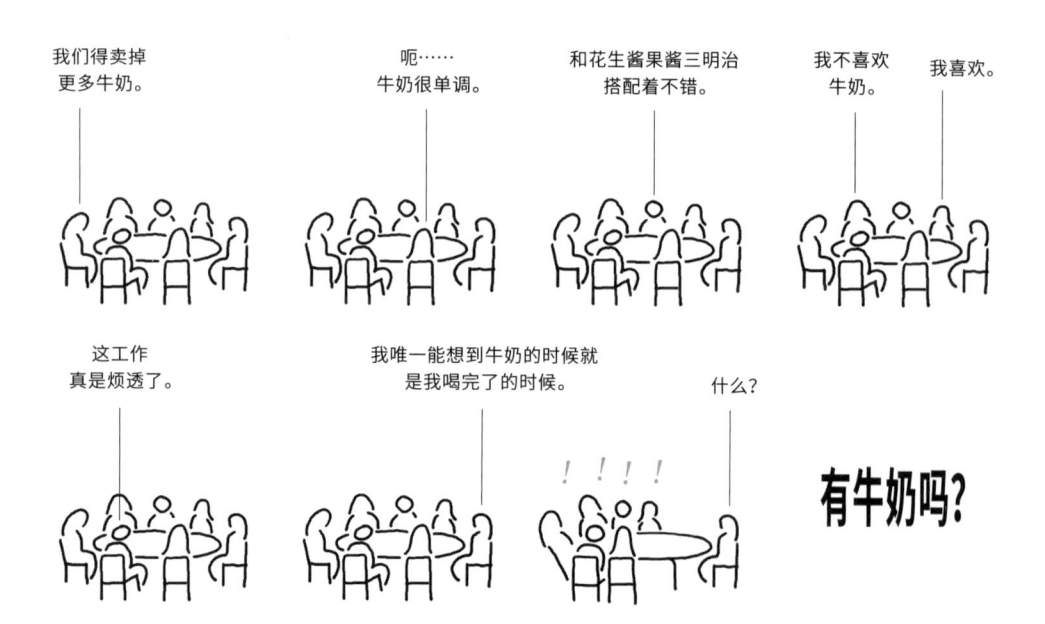

我们得卖掉更多牛奶。	呃……牛奶很单调。	和花生酱果酱三明治搭配着不错。	我不喜欢牛奶。 我喜欢。
这工作真是烦透了。	我唯一能想到牛奶的时候就是我喝完了的时候。	！！！！ 什么？	**有牛奶吗?**

Goodby，Silverstein & Partners 公司为加州牛奶加工委员会所做的广告活动，1993 年

洞察至上

所谓的洞察不是观察或发明。它并非灵光一现,亦非对所缺失的恰如其分的补充。它是对一种情境本质的理解。

获取洞察可能乏味冗长,并且可能令人泄气。它需要展开调研、集思广益、聚焦、再聚焦、筛选、再筛选、执行再推翻,还会经常在挫败中想要放弃。但在即将放弃之时,人会抽离而变成一个对他/她来说的局外人,然后可能会重获一个全新的视角。

当洞察终于被发现时,它将是既广博又具体的:它将揭示人性的真相或文化层面的体验,另一方面,它也会非常具体地和产品或产品类别结合起来。它会给人惊喜,启发心智,令人醍醐灌顶。那种感觉就像是点开了你以前从未想到但一直都知道的事情。

最真实的事实

在尝试撰写一条绝妙的标语或广告文案之前，请先充分了解和研究一下这个品牌的实际情况。去问问这个品牌的客户和公众对它的看法，甚至是你自己的看法——关于这个品牌，描述它最直接、不加滤镜的事实是什么？

最真实的事实是一个简短的陈述，通常伴随着"但是"或其他限定词。它能让你捕捉到接受和不接受这个品牌的人的区别，或者是你能想象的潜在买家的内心对话。比如：

宝马（BMW）：他们令其他品牌车主生厌，但这恰恰就是重点。

佳洁士（Crest）：我不知道它和高露洁（Colgate）相比是好还是坏，但我已经习惯它了，而且我的牙也没有掉。

聪明食品（Smartfood，爆米花品牌）：它可能并不聪明，是不是啊？它健康吗？好吧，但它好吃啊。

对于一个品牌来说，你可能得想出不止一个最真实的事实。不论这个事实是什么，它都不能被用作标语或广告文案。但它将有助于你将广告活动集中在品牌的实际，并引导你避免自说自话。

BERKSHIRE BANK

America's Most Exciting Bank

伯克希尔银行
全美国最激动人心的银行

标语不必讲述所有事实，但它应该讲述一个可信的事实。

你的话要有理有据。如果你承诺说你们的客户服务有求必应，受众并没有理由相信你。但如果你说，"我们会在一小时内回复您"，这就提供了一个可信的、可检验的证据。

要做有特色的陈述，而不是最高级的陈述。如果你说你制造了最先进的产品，拥有最完备或最高规格的质量标准，受众应该相信你吗？最高级这样的说法会令人怀疑。说出你如何与众不同，而不是说你更优秀，可能会更有效地吸引别人。

不要提出一个理性的人都无法证伪的主张。英国石油公司的一则广告吹嘘道："这是我们有史以来最好的燃料。"然而，没有一家燃料公司会宣传："我们的新天然气不如我们的旧天然气好"，因此英国石油公司提出的这一主张对消费者来说毫无意义。

不要提出一个只会让你自我感觉良好的主张。一个农村的区域性银行真的相信它的客户会去寻求那种储蓄的刺激感吗？把整个美国作为它的目标市场，它会从中受益吗？

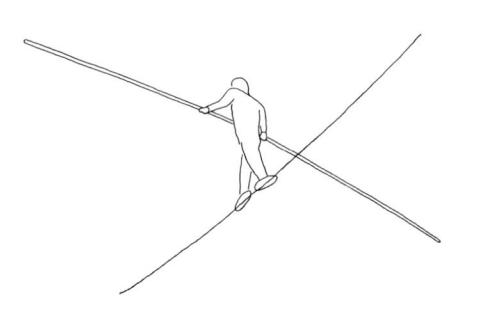

真诚有风险，但却是必杀技。

　　如果你根据自己的想法制作广告，或者复制一个成功品牌使用过的广告，那么你的广告就会落入俗套。如果你想让别人觉得你与众不同，你就必须与众不同。为了与众不同，你必须重新开始。你必须冒"保持天真"的风险。只有这样，你才能如实地看到你的受众是谁，他们的需求是什么，以及如何触达他们。用最真诚的方式解决你面前的问题，你将最终收获最合适、最独到的解决方案。

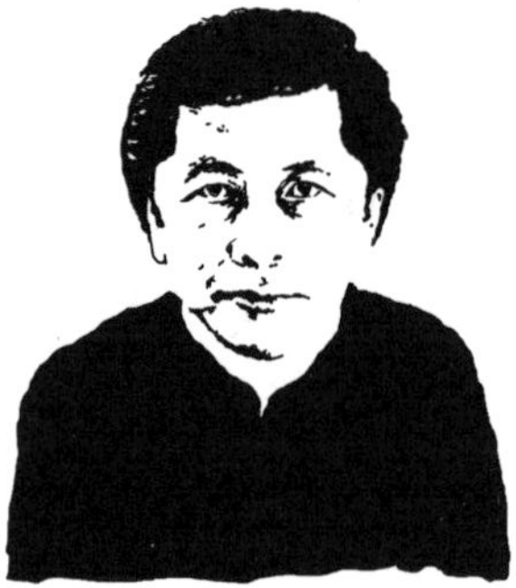

少说一些营销废话,去了解真相吧。

——约翰·C. 杰伊在纪录片《简短》中说道

兄弟，我觉得靠谱不是选项之一。

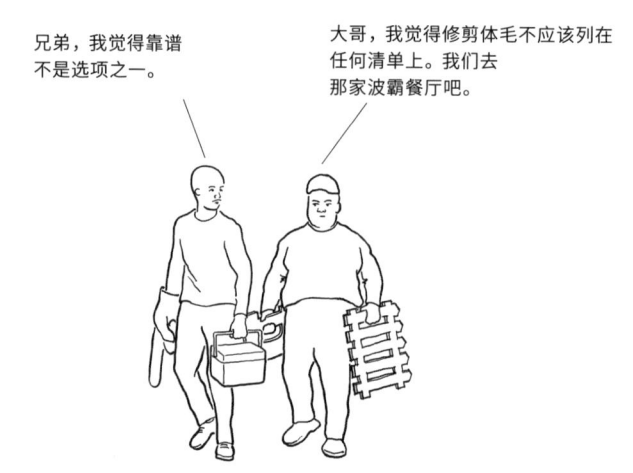

大哥，我觉得修剪体毛不应该列在任何清单上。我们去那家波霸餐厅吧。

波霸餐厅是 Bikinis Sports Bar & Gril
（位于得克萨斯州的运动酒吧和餐厅连锁店）的注册商标

日常用语来自广告

　　因为有了广告,你可以用蜡笔(crayon)在飞盘(Frisbees)上给商店做一份宣传单(circular),然后复印(Xerok)一份贴在电梯门上。如果直梯出故障了,可靠性(dependability)出了问题,你可以乘坐扶梯与像家人似的朋友(framily)共进午餐。享用午餐的时候,你还可以比较一下非可乐类饮料(uncolas)的可饮用性(drinkability)。然而,在出门前,你可能会拉低一点拉链(zipper),做一些"男士美容"(manscaping)。可以用舒洁面巾纸(Kleenex)、邦迪(Bond-Aids)创可贴和阿司匹林(aspirin)补救任何失误。

JUST DO IT.[1]

---

1 耐克的广告语：尽管去做。——编者注

适应新兴语言

耐克的著名口号是由韦柯广告公司在 1988 年创作的，其灵感来自"我们开始吧"（Let's do it），这是杀人犯加里·吉尔摩 1977 年被处决时的最后一句话。但这句话被长久流传下来可能更多地要归功于它与"做"（do it）的不解之缘，这是性的一种委婉说法。这句话在 1988 年听起来比现在更加伤风败俗，但它存在于大众的意识中。韦登把这句话应用到了品牌上："尽管"（Just）与耐克品牌那种即刻的行动力和适合于运动装备的感知力结合在了一起。最后一段肯定了这个口号是对想要成为运动员的人的积极指示。在这句口号的生命长河中，耐克从未在其广告中使用直接的性暗示。

MetLife[1]

1　Metlife, 美国大都会人寿保险公司。——编者注

旧锯仍可伐木

　　让看广告的人想要出现在广告中。创造一个新世界或打造一种生活方式，让客户可以想象自己正乐在其中，享受一种体验，与朋友交往，或解决一个问题。

　　向前看，不要回头看。向受众展示这款产品可以引领他们走向未来。

　　出售积极的一面。指出受众体验中的负面因素是可以的，但要让他们对产品如何帮他们渡过难关感到兴奋。

　　你可以把年轻人的车卖给老年人，但不能把老年人的车卖给年轻人。大多数人都想象自己是更年轻的，广告应该帮助他们做到这一点。

　　一个好的广告可能是发生在一款坏产品上的最糟糕的事情。如果广告做得比产品好，那么坏消息就会尽人皆知。

　　狗狗和小孩几乎可以卖所有东西。虽然这很没有创意，但事实往往如此。

This is not your father's Oldsmobile.

"这不是你父亲的奥兹莫比尔。"

帮助关闭美国历史最悠久的汽车制造商的运动

奥兹莫比尔这个汽车品牌是兰森·E.奥兹在 1897 年创立的。它在 20 世纪的大部分时间里都享有独特的地位和稳定的销量。但在 1985 年达到 110 万辆的销量巅峰后,由于车型阵容老化、人口结构变化以及来自国外的汽车制造商的竞争,它面临着买家购买兴趣的迅速下降。

1988 年,奥兹莫比尔推出了一场意在改变人们对其品牌汽车认知的广告活动。不幸的是,"这不是你父亲的奥兹莫比尔"这句广告语未能引起购车者的共鸣。事后调查发现,这个广告错在它用了品牌非命题的表述方式,它不是什么,而不是它是什么,而且它是一种回顾,而不是展望。这个广告仿佛让奥兹莫比尔堕入无人之境:它好像在告诉现有的奥兹莫比尔车主,他们已是明日黄花,同时劝阻年轻的购车者也别买,这是老年人的车。奥兹莫比尔疏远了现有客户,却没有吸引到新的客户。

该公司在 1990 年更换了这个失败的广告语,但新的不温不火、不痛不痒的广告语——"我们有一辆全新的奥兹莫比尔"也未能激起什么水花。到 2000 年,该品牌的销量仅为其 80 年代中期巅峰时候的 25%,其母公司通用汽车决定终止该品牌的生产。最后一辆奥兹莫比尔是在 2004 年制造的。

斯内普、可可和泡泡（Snap, Crackle, and Pop），家乐氏米花的三个吉祥物

"3"是一个好组合

　　三个一组这样的形式呈现想法和图像会很自然地令人愉悦、妙趣横生且记忆深刻。例如：生命、自由和对幸福的追求（life, liberty, and the pursuit of happiness）；飞机、火车和汽车（Planes, Trains, and Automobiles）；"我来，我看见，我征服"（Veni，vidi，vici）。

　　"3"是创造一种模式或形成一种节奏的最小实体数。如果你有四个，就考虑剪掉一个。如果你有两个，就加把劲儿加上一个。

Think different.

SUBWAY eat fresh.

Gotta Getta GUND

妙笔生"华"

品牌口号或标语其实不必追求语法意义上的准确。但如果你故意错用语法,请确保它简短且好记。

S-E-N-S-A-Y-...

飞白（耸人的拼写）

耸人听闻的拼写是故意拼错单词，以引起人们的注意，例如 Flickr[1] 或 Krispy Kreme[2]。与传统的拼写相比，耸人听闻的拼写可能更容易让人记住，也更容易获得域名。

耸人听闻的拼写通常更容易成为商标；如果常规拼写被允许注册商标，那么普通语言的公共使用将受到限制。Syfy 有线电视网就是出于这个原因在 2009 年从 Sci-Fi 更名。Froot Loops[3] 商标耸人听闻的拼写为其所有者家乐氏公司带来了额外的好处：保护其免受虚假广告的指控，因为这种早餐谷物麦圈不含水果。

---

1 Flickr，雅虎旗下的图片分享网站，错拼单词 flicker（闪烁、闪现）。
2 Krispy Kreme，美国大型甜甜圈连锁品牌，错拼单词 Crispy（酥脆的）、Creme（奶油）。
3 Froot Loops，家乐士公司推出的早餐谷物麦圈，错拼 Fruit（水果）。

修辞沟通
通常等级森严，只有一个人"知情"，
旨在改变意见或激励行动。

关系沟通
倾向于无等级和包容性，
旨在加强讨论者之间的联系。

你说得越多，别人就越不信任你。

吹嘘自己业绩的同事往往会让人觉得动机不纯。如果孩子和伴侣详细解释他们迟到的原因，非但不能缓解担忧，可能还会引发更多的担忧。在鸡尾酒会上，如果你的熟人一直围着别人滔滔不绝地争论为什么他的建议应该被采纳，可能会招来白眼。冗长的解释总是令人不适。

我觉得我们的行话太多了。

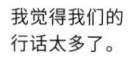

同意，也许是时候转型了。

陈词滥调会阻碍创造力

　　最好用笨拙的、原创的词语来表达你的想法，而不是用那些过于熟悉的语言或已经被熟练使用的流行语。当你在创作过程中加入一些陈词滥调时，你就回避了自己最真实的想法和观点。实际上，你略显粗糙的想法可能更有用，因为它们会激发其他人填补你的留白，抚平你留下的痕迹。陈词滥调会在创作过程中设置一些按钮，其他人必须去解锁这些按钮，才能再次向前推进。

俄罗斯网球运动员安娜·库尔尼科娃为英国减震文胸公司的多功能运动文胸做广告

---

1 这句话意为：只有网球才应跳动。——编者注

别凑字数硬拼篇幅

太多的信息会使读者不知所措，还会使信息无效。它可以暗示作者已经预设了受众的兴趣，或者不相信客户能够"理解"它。它也可能说明提出它的人也弄不明白其信息的核心。

要是为篇幅而战，就要冷酷到底。但不要只是简单地去缩短你的信息，要揭开其本质。删掉所有繁缛的词语，只留下最掷地有声的部分。如果你觉得还有要补充的，就再多投放几个广告或引导消费者访问网站。这样做时，只需提供网址，而不是说："请访问我们的网站 www.101ThingsILearned.com，以了解更多信息。"

麦当劳的一个广告活动

---

1 图中文字意为：四美元的咖啡很不值，意式浓缩现已上市。——编者注

广告牌上的七个单词

广告牌很大,但经过它的汽车都开得飞快,注意力持续的时间也十分有限。在大型媒体中,人们会跳过免费来电的电话号码、繁复的解释、网址和其他杂乱无章的内容。

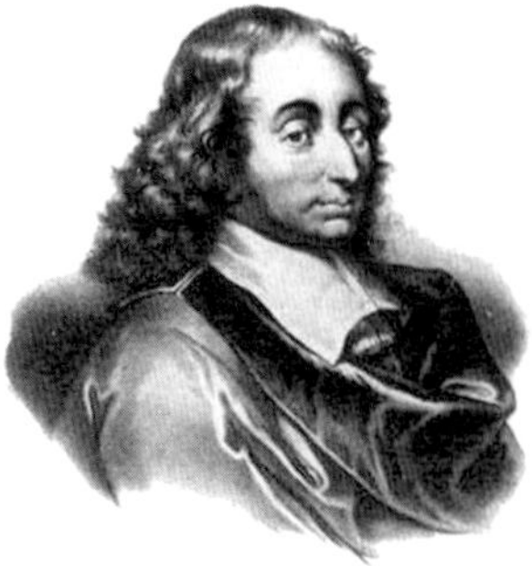

实在抱歉我给你写了一封这么长的信，因为我实在没有时间写一封短的。

——布莱瑟·帕斯卡，
《致外省人信札》，1656 年

Lite 'n' Breezee

24-hour pads

* 清风
24 小时护翼

Firckmeyer

Security Systems

* 菲尔克迈尔安保系统

Crapmeister

German tradition. American brewed.

* 克莱伯迈斯特
德国传统，美国酿造

字体也讲腔调

　　信息采用的字体本身也是一种沟通方式。你可以换多种不同的字体来布置你的广告文案，比如你本来想使用的字体，看看不同的字体如何影响信息的传达。过于异想天开的字体可能会让人觉得你没有那么严肃认真。纤细的字体可能会带来意想不到的新鲜感。斜体字可能会给人一种插入语的感觉，或者给人一种紧迫感。异体字或充满异国情调的字体可能意味着独家性或手工制作。当你感觉到它不是一个选择，而是自然地必须是它时，你就知道你已经找到合适的字体了。

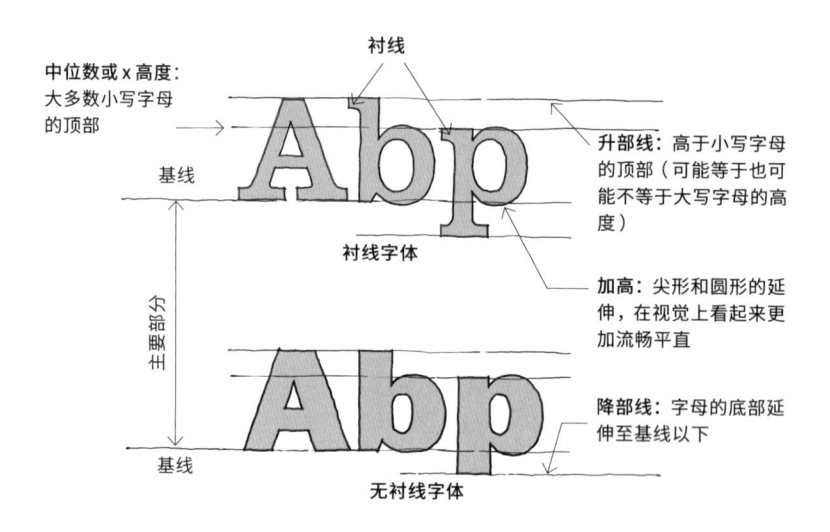

中位数或 x 高度：
大多数小写字母
的顶部

衬线

升部线：高于小写字母的顶部（可能等于也可能不等于大写字母的高度）

基线

衬线字体

主要部分

加高：尖形和圆形的延伸，在视觉上看起来更加流畅平直

基线

无衬线字体

降部线：字母的底部延伸至基线以下

无衬线字体看上去怪怪的

从历史上看，所有字体在每一笔画的末尾都有小的装饰或衬线。这些装饰和衬线的来源无从可考，它们最初可能是用来整理刻在石头上的字母的边缘部分。

当无衬线字体在 18 世纪出现时，一些观察者就发现其粗糙笨拙，还觉得它们"怪诞"（grotesque）。这个绰号也被正式附加在许多人身上，例如富兰克林·怪诞（Franklin Grotesque）和。蒙纳·怪诞（Monotype Grotesque）。这种贬低也许是公平的：许多字体的比例不佳，甚至没有小写字母。但人们发现，无衬线字体可以更轻松、更快速地阅读，适合被用作标题、广告牌和其他简单的公告。无奈的是，这进一步加深了人们对无衬线字体很粗鲁的刻板印象。批评者认为，有价值的信息是需要用衬线传递的。出于类似的原因，今天的大多数书籍、报纸、学术期刊和网站的正文都使用衬线字体呈现，即使书名和标题是无衬线字体。此外，水平衬线还能促进单词字母之间的视觉衔接，便于阅读。

Google

1999 年

Google

2015 年

衬线字体的可调节性较差

当采用移动设备上的小屏幕呈现时,衬线字体呈现出的细节通常会失真。很有可能出于这个原因,谷歌在 2015 年把它的衬线字体更改为无衬线字体,当时恰逢移动设备搜索量首次超过台式机搜索量。新字体保持了原始谷歌字体的多彩俏皮,但也保证了其在各种尺寸下都更容易阅读。

字母贴在一起 ——————————————— 字母贴在一起

BLAUPUNKT

软件默认间距，Helvetica 黑色斜体

过多留白 ———

● **BLAUPUNKT**
　　　　　　　　　　　　　过多留白
官方的企业标识

　　　　　　　　　　　　　　　　　　　　调整 L、P 和 T 三个字母的字体

增加 B、L 两个字母的倾斜度

● **BLAUPUNKT**　　让 T 更靠近 K

推荐的更改，以平衡留白

比软件更好

　　字体的设计表面上适用于所有字母组合，但可能会出现间距问题。虽然它们在一般的正文中可能不明显，但当文本完全对齐、放大、加粗、斜体或用不常用的字体呈现时，它们会变得不协调。

　　要识别间距问题，你得柔化你的目光，把那些单词视为形状的抽象组合。要注意留白的分布，还要注意哪些部分不成比例。如果是整体的间距需要调整，可以通过更改整行整列来从全局上进行增删。如果是两个字母间的局部间距，则可通过字距来调整。如果文本特别显眼或具有标志性，如品牌标识，那么可能去修改字母本身，以促进一致性和平衡感。

能量动线流向书脊　　　　　流向行动号召的图形

引导能量的流向

我们通常要排列图形和物体来吸引人们对广告信息的注意。人物、动物和物体通常应该面对或折向正文或行动号召。如果处于运动状态，它们通常应该"进入"广告。

如果广告在网页上的位置是已知的，那么它的能量走向通常应该流向屏幕的中心。如果是像杂志或产品目录等印刷出版物，能量最好流向书脊。远离书脊的人或车辆可能会显得冷漠和事不关己，就好像他们正在"远离"出版物一样，尽管这对在右侧的页面来说问题不大，因为向右侧移动以及人的眼睛和注意力通常指向的方向是一致的。

由于我们的大脑处理图像信息的速度是处理文字的 6 万倍，因此我们会寻找图像来减轻处理文字信息所需的额外工作。如果一个人在理解图像之前需要先阅读一个标题，请妥善放置标题的位置，并调整其大小，以便让人最先看到它。

我们从上到下、从左到右"看"

在西方,我们更倾向于用阅读的方式看图片:我们的视线通常是以左上角为起点的。因此,展示侧面的车辆通常面向左侧。这也让我们能够从前到后地"读"出它们的形状。

制作右利手的图像

研究表明，观众更加乐于回应将产品描绘在他们更容易想象并与之互动的位置上的广告。在一项研究[1]中，参与者观看了若干个将杯柄朝向不同位置的杯子广告。在看到杯柄在右侧的广告后，他们最有可能买下这个杯子，这个位置适合大约90%的人的惯用手。

---

1 Ryan S. Elder and Aradhna Krishna, "The 'Visual Depiction Effect' in Advertising: Facilitating Embodied Mental Simulation Through Product Orientation," *Journal of Consumer Research* 38, no. 6 (April 2012).

标志性品牌的颜色很容易让人回忆起来

用颜色来表达

黑色： 权威、强大、神秘、雅致

白色： 纯洁、干净、天真、坦率

棕色： 朴实、稳健、坚定、真诚、可预测

绿色： 自然、肥沃、可再生、富有、令人羡慕

蓝色： 平和、冷静、稳定、保守、负责、悲伤

红色： 热情、重要、危险、活跃、愤怒

橙色： 健康、活力、朴实、危险

黄色： 快乐、愉悦、怯懦、廉价

紫色： 有创造力、有想象力、高贵、浪漫

中心为黑   中心为白

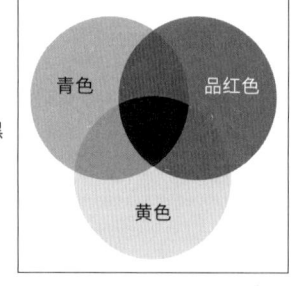

CMYK（印刷四分色）   **RGB（三原色）**
为印刷材料选择和指定   为网络发行选择和指定的适合电
的颜色模式   子显示器的颜色模式

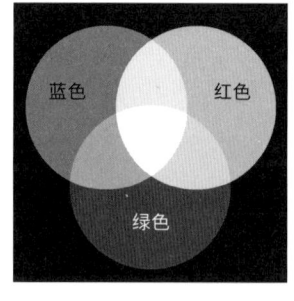

加入一些黑色

几乎每种配色方案都要得益于加入一些黑色,它有助于将构图固定在页面上,防止其看起来褪色或印刷质量不好。

春季:淡黄绿色、浅蓝色和粉色,带有更强烈的色彩点缀,暗示新意、青春、温柔、女性气质。

夏季:强调三原色(红色、黄色、蓝色)、合成色(橙色、绿色、紫色)和三次色,暗示简单、行动力、坦率。

秋季:棕色、橄榄色、金色、赤褐色,暗示成熟、智慧、朴实。

冬季:银色、灰色、黑色,暗示机械、冷酷、无机材料。

高对比度:黑色和白色,单色或鲜明的颜色,暗示力量、行动力、果断。

霓虹:亮粉色、电光橙、荧光绿,暗示有趣、青春、性感。

互补色:基于色轮上相对的两种颜色,如蓝色和橙色,红色和绿色,黄色和紫色,暗示平衡。

单色:使用色轮上相邻的颜色,如红色、黄色、橙色;两种蓝色和一种蓝绿色,给人平静之感。

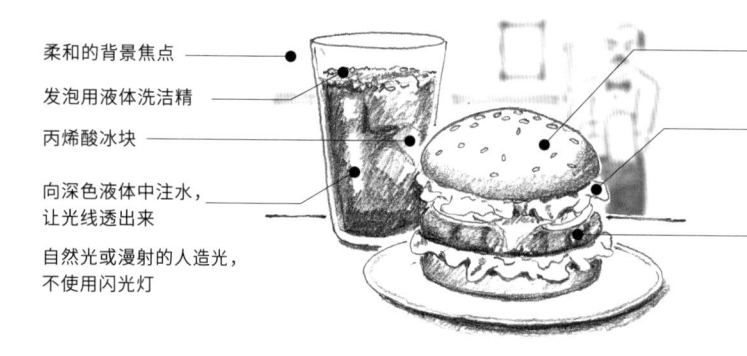

- 柔和的背景焦点
- 发泡用液体洗洁精
- 丙烯酸冰块
- 向深色液体中注水，让光线透出来
- 自然光或漫射的人造光，不使用闪光灯
- 撒得均匀的芝麻
- 冰镇的特供食品更脆，将生菜的卷叶边儿朝外放置，用迷你牙签固定住造型
- 冷汉堡，比面包稍大，用电炭打火机增加烧烤的线条，刷上植物油，使其多汁

像专业人士一样做虚化处理

专业照片与业余照片的区别在于：景深管理。高质量的相机可以调整镜头光圈，因此可以在背景和前景模糊的情况下将照片主体放在清晰的焦点上。如果你的手机相机没有调整条件，你完全可以放心大胆地交给照片成像软件来制造出背景景深的效果。

1. 在照片处理程序中打开照片，将其复制为文件中的单独图层。

2. 将底部照片作为背景，"模糊"或"柔化"整个图像。

3. 在顶部/主体照片上，擦掉除了照片主体以外的全部内容，让模糊的背景能够显示出来。你通常可以通过擦除靠近图像主体的部分但不完全接触主体来获得令人满意的效果。

4. 评估合成图像。你可能需要进一步模糊背景，或者调整一层或两层的亮度/对比度，以充分强调照片主体。

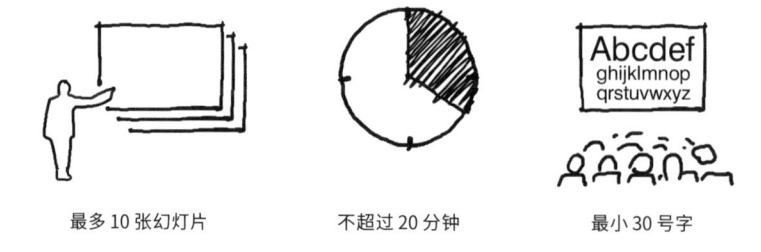

最多 10 张幻灯片　　　　　不超过 20 分钟　　　　　最小 30 号字

商业顾问盖伊·川崎的 10-20-30 法则

在准备演讲时,要准备两个演示文稿。

让你的**会议室演讲**尽可能简短,但其篇幅要足够长,以确立你作为专家的形象。如果你使用幻灯片或其他视觉辅助工具,那就尽量少用文字。不要去读你的那些视觉材料,也不要试图面面俱到地去呈现或谈论每一个细节。任何可能会造成歧义或混淆的部分都可以在后面的公开讨论环节做详细说明。

制造一个"留痕"。它既应涵盖与会议室演讲相同的要点,又要更有力,包含细节、图表、案例分析、研究资料和附录。在演讲结束以后再分发这些"留痕"。如果你为了让听众能够更好地跟随你的思路而在演讲前提前发了出去,他们就会看着这些资料,按照他们的节奏而不是你的节奏进行研究了。又或者,你也可以在演讲后的第二天发送一封感谢信。

别从字面意义上去理解批评

对你作品的批评也许是能够补救缺点和短板的宝贵建议。但更重要的是要多留心他们的批评,而不是他们的解决方案,因为一位批评者可能会与另一位提出完全不同的修改建议,而他们所有的"解药"都可能让你误入歧途。但如果不止一个人对相同的问题发表了意见,那么几乎可以肯定确实存在问题。

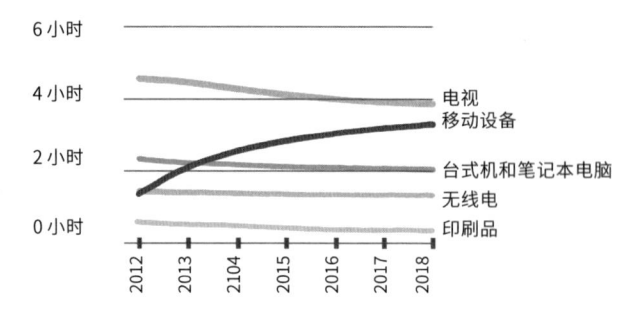

6 小时	
4 小时	电视
	移动设备
2 小时	台式机和笔记本电脑
	无线电
0 小时	印刷品

2012　2013　2104　2015　2016　2017　2018

美国成年人每天使用媒体的总时间
资料来源：eMarketer.com

如果你一直在说话，就不会拥有一个健康的关系。

  品牌传播曾经是"一对多"的。一位广告主可以面向许多消费者说话，但换个方向来说就极少或者根本没有交流。消费者影响品牌、产品以及公司做广告方式的能力极其有限。

  在数字环境中，品牌传播可以是"多对一"的。消费者可以直接向品牌表达他们的欣赏、烦恼、鼓励和建议。如果他们不喜欢自己听到的内容，或者感觉自己没有被倾听，如今媒体渠道的丰富性和获取渠道的便捷性，意味着他们可以而且将会转向其他地方。

由身高 2.16 米的威尔特·张伯伦出演的大众汽车广告，1966 年

承认缺点可以提高可信度

  大众汽车是在一个大型车雄霸市场的时代把甲壳虫引入美国的。恒美广告公司没有与大型汽车制造商正面交锋,而是选择赞颂大众汽车的简单诚实。它采用风格简单的黑白照片,而不是大多数汽车制造商所热衷的那种程式化绘画,文案的风格也是直接的、对话式的和讽刺的。

  考虑到消费者担心价格低于 2 000 美元的汽车质量会很差,恒美打出了标题"柠檬"。这个广告解释说:图中的汽车看起来和其他甲壳虫汽车一样,但生产质检员发现了一个缺陷,并把它退回了。"我们挑出酸柠檬,你们得到甜李子。"广告的结尾这样写道。大众普通的微型巴士的一则广告大声疾呼:"还真有人偷了一辆。"这则广告为了吹嘘发动机的可靠性和效率,声称它比任何警车都能让偷车贼跑得更远。

  在当时的读者调查中,这些广告的评分要高于许多刊登广告的杂志中的社论内容。1999 年,《广告时代》宣布,"小有小的好处"(Think Small),这是有史以来排名第一的广告活动。

知晓　考虑　感兴趣　喜欢　偏爱　购买

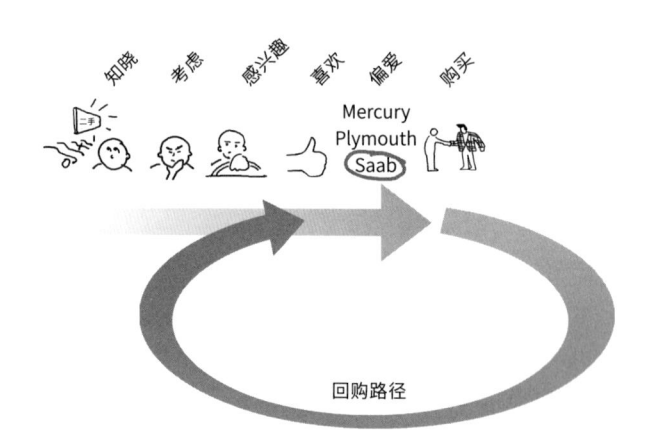

Mercury
Plymouth
Saab

回购路径

让关系比购买更持久

向现有客户做广告。消费者希望对他们的购买感觉良好,进而去知晓品牌持续提供令人满意的产品或服务。

提供更新信息。提供有关公司动态和产品开发的幕后观点,以树立积极和前瞻性的公司形象,并在客户下次需要的时候提供价值。

培养会员。忠诚度计划、推荐奖励和鼓励客户通过口口相传做广告可以促进与品牌的持续联系。

在销售后发送一封感谢信。用客户的名字定制,包含一些额外的信息、未来购买或推荐的奖励。

优化客户服务。问题总是不可避免,因此要富有同理心地预见问题,并彻底解决它们。

不要让人讨厌。调整与产品接触的方法和频率。让客户可以轻松定制他们所倾向的选项。

人们会忘记你说过的话，也会忘记你做过的事，但永远不会忘记你带给他们的感受。

——玛雅·安吉罗

富有经验
热情　专注
领导专家　有专业认证的
　　有战略的
专业　有创造力　卓越的

领英个人资料中最常用的流行语，2017 年

你接下来能做什么比你曾做过什么更重要

　　面试官不想去看你做过的每一个项目，他们更想弄清楚你是否和他们的公司相匹配。在你的作品集中只包含你最优秀的作品，以及那些符合他们需求的作品。如果你编辑不好，你将准确地透露出你不知道如何编辑，而且你可能不确定哪个是你最好的作品。

　　使用你的作品集作为交流的工具。讲述能引起面试官兴趣的项目故事。将分配的问题、你的过程和见解、你的解决方案如何满足客户的需求，甚至你如何能做得更好联系起来。

《广告狂人》中的唐·德雷柏,乔·哈姆饰演

在一则广告里看到你自己的作品就像小有名气一样

　　作为一名学生,你的作品会受到同辈、导师和到课堂讲学的行业专家的评价。作为一名专业人士,你的作品会受到每个人目光的检视。你的失败将被公开。但也完全没有必要因这些批评或难堪就觉得备受打击。你的成功也会被公开。

致谢

感谢肖恩·亚当斯、阿什利·安迪、迪亚娜·海登沃尔夫、博希纳、布赖恩·本斯科特、特里西娅·博奇科夫斯基、塔特姆·布朗、米歇尔·切尼、莉萨·多比亚斯、克拉克·埃文斯、索切·费尔班克、约翰·弗勒特尔、塔拉·福特、基里亚·弗朗西斯、马特·英曼、菲尔·约翰逊、吉恩·金凯德、安德烈亚·劳、丽贝卡·利伯曼、吉尔·利伯塞特、伊丽莎白·麦卡锡、小黄人、杰夫·尼克松、阿曼达·帕滕、查利·D.雷、珍妮特·里德、安杰利·罗德里格斯、莫莉·斯特恩和里克·沃尔夫。